はじめに

　労働関係に関する事項について事業主と労働者の間で紛争が増加していることに対処するため制定された「個別労働関係紛争の解決の促進に関する法律」は平成23年で施行10年の節目を迎えました。
　その間、全国の都道府県労働局において、紛争当事者による紛争の自主的解決を基本としつつ、労働局長の情報提供・相談等、労働局長による助言・指導制度および紛争調整委員会によるあっせん制度は職場での紛争解決に大きな役割を果たしています。
　平成22年度の全国の都道府県労働局における制度の利用状況を見ると、総合労働相談件数は113万件、民事上の個別紛争相談件数は24万7000件と高止まりの傾向にあります。内容別では、「解雇」が依然として多くなっていますが、次いで「いじめ・嫌がらせ」「労働条件の引下げ」が多くなっています。また、最近では「助言・指導」件数が高止まる一方で、あっせん件数は減少傾向にあります。
　本書は、「職場のトラブル解決好事例」（保険六法新聞社刊）を改訂したもので、全国の都道府県労働局に寄せられ解決が図られた個別労働紛争事案を事例集としてとりまとめ、紹介するものです（もちろん、紛争当事者に安心して利用できるよう紛争当事者のプライバシーに十分配慮する必要があることから、実例をそのまま名を伏して紹介していません）。改訂にあたり解決事例数を増やし、これまで以上に個別労働紛争の未然防止と解決に役立つものとなっております。
　本書が、皆様の労務管理実務のお役に立てば幸いです。

平成24年2月
編　者

目 次

Ⅰ 個別労働紛争解決促進法による制度の概要 ……………………………………… 9
- ❶ 個別労働紛争の量的増加と質的変化 ……………………………………………… 9
- ❷ 個別労働紛争解決制度の概要 ……………………………………………………… 9
- ❸ 都道府県労働局雇用環境・均等部（室）が行う紛争解決援助制度 …………… 13

Ⅱ 他の紛争解決制度の紹介 ………………………………………………………… 17
- 都道府県等の地方公共団体 …………………………………………………………… 17
- 裁判所 …………………………………………………………………………………… 17
- 労働審判制度 …………………………………………………………………………… 18
- 裁判外紛争解決手続の利用の促進に関する法律（ＡＤＲ法）に基づくもの …… 19

Ⅲ 個別労働紛争解決事例 …………………………………………………………… 21

普通解雇
- 事例1　入社した数日後に解雇を言い渡されたことをめぐる助言・指導事例 ………21
- 事例2　普通解雇か自主退職かが争われたあっせん事例 …………………………………23
- 事例3　普通解雇をめぐり和解金の支払いを求めたあっせん事例 ………………………25
- 事例4　一方的な解雇通告（退職勧奨）をめぐる助言・指導事例 ………………………27
- 事例5　解雇理由は事実無根だとして和解金の支払いを求めたあっせん事例 …………29
- 事例6　協調性の欠如等を理由とする解雇の撤回を求めたあっせん事例 ………………31
- 事例7　派遣先でのトラブルを理由とする解雇をめぐるあっせん事例 …………………33
- 事例8　パワハラにより発症した可能性のある精神疾患の休職期間満了による
　　　　解雇をめぐるあっせん事例 ……………………………………………………………35
- 事例9　解雇理由に納得できず慰謝料の支払いを求めたあっせん事例 …………………37
- 事例10　関連会社への出向命令の是非をめぐる助言・指導事例 …………………………39

懲戒解雇
- 事例11　同業他社へ顧客を紹介したことを理由とする懲戒解雇に対し慰謝料を求めるあっせん
　　　　事例 ………………………………………………………………………………………41
- 事例12　懲戒解雇に対する会社の責任を追及したあっせん事例 …………………………43
- 事例13　経歴詐称を理由とする懲戒解雇の是非をめぐる助言・指導事例 ………………45

整理解雇
- 事例14　リストラによる解雇に対し退職金等の上乗せを求めたあっせん事例 …………48
- 事例15　配置転換拒否に伴う整理解雇で、慰謝料の支払いを求めたあっせん事例 ……50
- 事例16　経営悪化を理由とする解雇に対し和解金の支払いを求めたあっせん事例 ……52
- 事例17　リストラを理由とする解雇予告の撤回を求めたあっせん事例 …………………54
- 事例18　有期労働契約の期間途中の解雇をめぐる助言・指導事例 ………………………57

いじめ・嫌がらせ

- 事例19　現場責任者からの嫌がらせをめぐる助言・指導事例 …………………………………… 59
- 事例20　現場でいじめがひどく、いじめをやめることを求めた助言・指導事例 …………… 61
- 事例21　嫌がらせに耐えかねての退職を「会社都合」として扱うよう求めたあっせん事例 … 63
- 事例22　嫌がらせを放置したことに対しての謝罪要求をめぐるあっせん事例
　　　　　－事業主からの申請－ ……………………………………………………………………… 65
- 事例23　いじめ・嫌がらせを受けたことにより、退職を余儀なくされたことに対して慰謝料を
　　　　　要求したあっせん事例 …………………………………………………………………… 67
- 事例24　解雇自体は争わず慰謝料を要求したあっせん事例 …………………………………… 69
- 事例25　配置転換の撤回と嫌がらせの有無をめぐるあっせん事例 …………………………… 71

労働条件引下げ

- 事例26　一方的な賃金引下げの是非をめぐる助言・指導事例 ………………………………… 73
- 事例27　ミスが多い社員をパートに変更、賃金を引き下げたあっせん事例
　　　　　－事業主からの申請－ ……………………………………………………………………… 76
- 事例28　ミスの多い社員を契約社員に降格し、賃金を引き下げたあっせん事例 …………… 78
- 事例29　退職に当たり、引き下げられていた賃金の差額を返還するよう求めたあっせん事例 … 80
- 事例30　経営悪化による賃金の不利益変更が合理的かの判断を求めたあっせん事例 ……… 82
- 事例31　周知されていなかった退職金規程は無効であることを求めたあっせん事例 ……… 84
- 事例32　非常勤職員であることを理由に不支給とされた退職金の支払いを求めたあっせん事例 … 86
- 事例33　退職理由が自己都合であった場合の、退職金額をめぐるあっせん事例 …………… 88
- 事例34　退職を慰留された結果、退職金が半減されたことをめぐるあっせん事例 ………… 90
- 事例35　退職金の算定方法をめぐるあっせん事例　－事業主からの申請－ ………………… 92
- 事例36　不当に勤務日数を減らされたため、元のシフトに戻すよう求めた助言・指導事例 … 94
- 事例37　減らされた勤務日数に相当する賃金額分を損害賠償金として支払うよう求めた
　　　　　あっせん事例 ………………………………………………………………………………… 96
- 事例38　契約更新時に労働条件の大幅な変更を求められたことをめぐるあっせん事例 …… 98

在籍出向、配置転換

- 事例39　下請会社への出向命令の撤回を求めたあっせん事例 ………………………………… 100
- 事例40　疾病を理由に配置転換したことをめぐる助言・指導事例 …………………………… 102
- 事例41　身体障害者手帳の交付を機に勤務内容を変更したことの是非をめぐるあっせん事例 … 104
- 事例42　事務所移転に伴う勤務場所の変更をめぐるあっせん事例 …………………………… 106

退職勧奨

- 事例43　退職届の提出前に退職勧奨が行われたか否かをめぐるあっせん事例 ……………… 108
- 事例44　整理解雇対象者が退職金の増額を求めたあっせん事例－事業主からの申請－ …… 110
- 事例45　名誉棄損を疑われ精神疾患を発症したことへの謝罪等を求めたあっせん事例 …… 112

懲戒処分

- 事例46　減給の制裁が重過ぎる処分か否かをめぐる助言・指導事例 ………………………… 114
- 事例47　退職金不支給に関する助言・指導事例 ………………………………………………… 117

事例 48　業績不振による賃金カットに加え減給の制裁を行っていたことをめぐるあっせん事例 ………………… 120

採用内定取消し

事例 49　採用しても指導する余裕がないことを理由に内定が取り消されたことをめぐる助言・
　　　　指導事例 …………………………………………………………………………………………………… 122
事例 50　正式入社前のアルバイト勤務状況を理由に内定取消しをしたことをめぐるあっせん事例 ………… 124
事例 51　健康診断未実施を理由とした内定取消しをめぐる助言・指導事例 ……………………………………… 126
事例 52　出社目前の内定取消しに対する補償をめぐるあっせん事例 …………………………………………… 128
事例 53　直接雇用から委託会社に引継がれた案件の内定取消しをめぐるあっせん事例 ……………………… 130

雇止め

事例 54　期間契約社員の雇止めをめぐり、復職または補償金の支払いを求めたあっせん事例 ……………… 132
事例 55　労働契約の更新拒否をめぐり和解金の支払いを求めたあっせん事例 ………………………………… 135
事例 56　私傷病での休職を理由に雇止めされたことをめぐる助言・指導事例 ………………………………… 138
事例 57　約束した契約の更新がなされなかったことをめぐるあっせん事例 …………………………………… 140

自己都合退職

事例 58　後任者への引継ぎまで退職を認めないとしたことをめぐる助言・指導事例 ………………………… 142
事例 59　後任が入社し育つまで退職を認めないとしたことをめぐる助言・指導事例 ………………………… 144

募集・採用

事例 60　採用選考の方法をめぐる助言・指導事例 ………………………………………………………………… 146
事例 61　内定後に経営状況が悪化したため、内定取消しをしたことをめぐる助言・指導事例 ……………… 148

労働者派遣

事例 62　有期雇用契約の反復更新時に派遣先の休日日数が増えたことに対する補償を求めた
　　　　あっせん事例 ……………………………………………………………………………………………… 150
事例 63　派遣先の契約破棄で就労できなくなった損失を派遣元が補償するよう求めた
　　　　あっせん事例 ……………………………………………………………………………………………… 152
事例 64　派遣労働者を派遣先が直接雇用に切り替えるかどうかの人事をめぐる助言・指導事例 …………… 154
事例 65　派遣先の変更が認められず残存雇用期間分の補償を求めたあっせん事例 …………………………… 157
事例 66　派遣先の安全衛生管理不備にかかる補償を求めたあっせん事例 ……………………………………… 159

その他

事例 67　出向者の退職金の算出方法をめぐるあっせん事例 ……………………………………………………… 161
事例 68　収支決算時の不足金を全額労働者に損害賠償させようとしたことをめぐる助言・
　　　　指導事例 …………………………………………………………………………………………………… 163
事例 69　雇用保険の補填をめぐるあっせん事例 …………………………………………………………………… 165

セクシュアルハラスメント

事例 70　セクハラの被害者が解雇されたことをめぐる助言・指導事例 ………………………………………… 167

事例 71　申請人の復職と慰謝料を求めたあっせん事例 …………………………………………… 169
事例 72　セクハラを上司に相談したことにより解雇されたことをめぐるあっせん事例 ………… 171
事例 73　セクハラによる精神的被害に対する損害賠償を求めたあっせん事例 …………………… 173
事例 74　退職を余儀なくされたとして慰謝料・謝罪等を求めたあっせん事例 …………………… 175
事例 75　社長からのセクハラを拒否して解雇されたことをめぐるあっせん事例 ………………… 177

育児・介護休業等

事例 76　育児休業取得後の正社員からパートへの身分変更をめぐる助言・指導事例 …………… 179
事例 77　育児休業取得後に正社員からパートに身分変更されたことをめぐるあっせん事例 …… 181

Ⅳ　あっせん申請書等の記載例 ……………………………………………………………………… 183

あっせん申請書の提出先と記載上の留意点 ………………………………………………………… 183
あっせん申請書 ……………………………………………………………………………………… 184
普通解雇に関するあっせんを申請する場合の記載例 ……………………………………………… 185
整理解雇に関するあっせんを申請する場合の記載例 ……………………………………………… 186
懲戒解雇に関するあっせんを申請する場合の記載例 ……………………………………………… 187
労働条件（賃金）引下げに関するあっせんを申請する場合の記載例 …………………………… 188
労働条件（退職金）引下げに関するあっせんを申請する場合の記載例 ………………………… 189
配置転換に関するあっせんを申請する場合の記載例 ……………………………………………… 190
退職勧奨に関するあっせんを申請する場合の記載例 ……………………………………………… 191
懲戒処分に関するあっせんを申請する場合の記載例 ……………………………………………… 192
採用内定取消しに関するあっせんを申請する場合の記載例 ……………………………………… 193
雇止めに関するあっせんを申請する場合の記載例 ………………………………………………… 194
昇給、昇格に関するあっせんを申請する場合の記載例 …………………………………………… 195
労働者派遣に関するあっせんを申請する場合の記載例 …………………………………………… 196
いじめ、嫌がらせに関するあっせんを申請する場合の記載例 …………………………………… 197
人事評価に関するあっせんを申請する場合の記載例 ……………………………………………… 198
調停申請書 …………………………………………………………………………………………… 199
セクハラに関する調停を申請する場合の記載例 …………………………………………………… 200
育児休業の取得を理由とする解雇に関する調停を申請する場合の記載例 ……………………… 201
正社員との差別待遇に関する調停を申請する場合の記載例 ……………………………………… 202
妊娠を理由とする解雇に関する調停を申請する場合の記載例 …………………………………… 203

Ⅴ　個別労働紛争の実態（厚生労働省発表資料より）……………………………………………… 205

Ⅵ　資　料 ……………………………………………………………………………………………… 221

Ⅰ 個別労働紛争解決促進法による制度の概要

❶ 個別労働紛争の量的増加と質的変化

　経済社会情勢の変化に伴い、企業組織の再編や企業の人事労務管理の個別の進展等を背景として、解雇、労働条件の変更など個々の労働者と事業主との間の紛争が増加しています。
　これらの紛争には、賃金の不払いなど法律違反の紛争も多く含まれていますが、大部分は法違反を伴わない私人間の権利義務に関する民事紛争です。
　具体的には、「解雇」に関する事案や「労働条件引下げ」「いじめ・嫌がらせ」などが多くなっていますが、「募集・採用」や「自己都合退職」などもあり、紛争内容は多様化してきています。我が国において私人間の紛争を解決する最終手段は裁判制度になりますが、裁判の場合、判決までに相応の時間と費用がかかります。そこで、個別労働紛争に関して、裁判以外にも様々な機関で解決のための制度が設けられています。
　このうち、以下では「個別労働関係紛争の解決の促進に関する法律」（以下「個別労働紛争解決促進法」といいます）により設けられている紛争解決制度（以下「解決制度」といいます）の概要を紹介します。それ以外の紛争解決制度については、「Ⅱ　他の紛争解決制度の紹介」（17ページ）を参照ください。

❷ 個別労働紛争解決制度の概要

（1）対象となる紛争の範囲

　個別労働紛争解決促進法に基づく解決制度に関する実務は、都道府県労働局で行われています。対象となる個別労働紛争の範囲は、「労働条件その他労働関係に関する事項についての」紛争です。
　したがって、労働関係に関する事項についての個別の労働者と事業主との紛争であれば、一部を除いて本制度の解決範囲に含まれます。ただし、雇用環境・均等部（室）で取り扱う紛争は対象となりません。
　具体的には、下記のものが挙げられます。
① 解雇、雇止め、配置転換・出向、昇進・昇格、労働条件に係る差別的取扱い、労働条件の不利益変更等の労働条件に関する紛争

② いじめや嫌がらせ等（セクシュアルハラスメントを除く）の就業環境に関する紛争
③ 労働契約の承継、競業避止特約等の労働契約に関する紛争
④ 募集・採用に関する差別的取扱いに関する紛争
⑤ その他、退職に伴う研修費用等の返還、営業車等会社所有物の破損に係る損害賠償をめぐる紛争

などがあります。
　一方、以下のような紛争は本制度の対象になりません。
① 労働組合と事業主の間の紛争や労働者と労働者の間の紛争
② 裁判で係争中である、または確定判決が出されているなど、他の制度において取り扱われている紛争
③ 労働組合と事業主との間で問題として取り上げられており、両者の間で自主的な解決を図るべく話し合いが進められている紛争

（2）都道府県労働局長による情報提供、相談等

　個別労働紛争の中には、単に法令、判例を知らないことや誤解に基づくものも多くみられます。こういった場合は、労働問題に関する情報を入手したり、専門家に相談をすることで、紛争を未然に防止、または紛争を早期に解決することができます。
　このため、各都道府県労働局の総務部など「総合労働相談コーナー」（221ページ）で、総合労働相談員が相談等に応じています。総合労働相談コーナーでは、プライバシーの保護に配慮するだけでなく、女性相談員を希望される方については、女性相談員のいるコーナーを紹介するなどしています。
　総合労働相談コーナーでは、解雇、雇止め、配置転換、賃金の引下げなどの労働条件のほか、募集・採用、いじめなど、労働問題に関するあらゆる分野について、労働者、事業主どちらからの相談でも、専門の相談員が面談あるいは電話で応じています。

（3）都道府県労働局長による助言・指導

① 助言・指導の概要

　都道府県労働局長による助言・指導は、民事上の個別労働紛争について、都道府県労働局長が、紛争当事者に対し、個別労働紛争の問題点を指摘し、解決の方向を示すことにより、紛争当時者が自主的に民事上の個別労働紛争を解決することを促進する制度です。
　この制度は、法違反の是正を図るために行われる行政指導とは異なり、あくまで紛争当事者に対して話し合いによる解決を促すものであって、何らかの措置を強制するものではありません。
　なお、法違反の事実がある場合には、法令等に基づいて、指導権限を持つ機関がそれぞ

れ行政指導等を実施することになります。
　また、労働者が助言・指導の申出をしたことを理由として、事業主が労働者に対して解雇その他不利益な取扱いをすることは法律で禁止されています。
② 対象となる紛争
　対象となる紛争の範囲は、労働条件その他労働関係に関する事項についての個別労働紛争です。
　具体的には、（1）の①から⑤のものがあります。

（4）紛争調整委員会によるあっせん
① あっせんとは
　紛争当事者の間に公平・中立な第三者として労働問題の専門家が入り、双方の主張の要点を確かめ、場合によっては、両者がとるべき具体的なあっせん案を提示するなど、紛争当事者間の調整を行い、話し合いを促進することにより、紛争の解決を図る制度です。
② 紛争調整委員会
　弁護士、大学教授、社会保険労務士などの労働問題の専門家で組織された委員会で、都道府県労働局ごとに設置されています。この紛争調整委員会の委員のうちから指名されるあっせん委員が、紛争解決に向けてあっせんを実施します。
③ 紛争調整委員会によるあっせんの特徴
　ア　手続が迅速・簡便
　　長い時間と費用を要する裁判に比べ、手続が迅速かつ簡便です。
　イ　専門家が担当
　　弁護士、大学教授、社会保険労務士などの労働問題の専門家である紛争調整委員会の委員が担当します。
　ウ　利用は無料
　　あっせんを受けるのに費用は一切かかりません。
　エ　合意の効力
　　紛争当事者間であっせん案に合意した場合には、受諾されたあっせん案は民法上の和解契約の効力をもつことになります。
　オ　非公開
　　あっせんの手続は非公開であり、紛争当事者のプライバシーを保護します。
　カ　不利益取扱いの禁止
　　労働者があっせんの申請をしたことを理由として、事業主が労働者に対して解雇その他不利益な取扱いをすることは法律で禁止されています。

④ 対象となる紛争

　労働条件その他労働関係に関する事項についての個別労働紛争が対象となります。具体的には、(1)の①から⑤のものがあります。

⑤ あっせん手続の流れの概要

　ア　あっせんの開始

　　あっせんの申請は、紛争当事者の双方または一方が、申請書を紛争当事者である労働者に係る事業場の所在地を管轄する都道府県労働局長に提出することで行います。

　　都道府県労働局長は、①事件がその性質上あっせんをするのに適当でないと認めるとき、②紛争当事者が不当な目的でみだりにあっせんの申請をしたと認めるときを除き、委員会にあっせんを委任します。

　　委員会の会長は、都道府県労働局長からあっせんの委任の通知を受けたときは、当該事件を担当する3人のあっせん委員を指名します。また、委員会の会長は、紛争当事者に対し、あっせんを開始する旨およびあっせん委員の氏名を通知します。

　イ　あっせん手続

　　あっせん委員は、必要があると認めるときは、あっせんの手続の一部を特定のあっせん委員に行わせることができるほか、当該事件の事実の調査を都道府県労働局総務部の職員に行わせることができます。

　ウ　あっせん期日

　　あっせん委員は、あっせん期日を定め、紛争当事者に対して通知します。

　　あっせん期日には、紛争当事者はあっせん委員の許可を得て、①補佐人を伴って出席すること、②意見の陳述等を代理人に代理させること、ができます。

　エ　あっせん案

　　あっせん委員は、紛争当事者の双方からあっせん案の提示を求められた場合には、あっせん案を作成し、これを紛争当事者の双方に提示します。

　オ　関係労使からの意見聴取

　　あっせん委員は、紛争当事者からの申立に基づき、次の場合には、関係労働者を代表する者または関係事業主を代表する者から意見を聴くものとします。

　　ⓐ 紛争当事者の双方から申立があったとき

　　ⓑ 紛争当事者の一方から申立があった場合で、紛争当事者に係る企業または当該企業に係る業界もしくは地域の最近の雇用の実態等について、紛争当事者の他に関係労働者を代表する者または関係事業主を代表する者から意見を聴く必要があると認めるとき

　カ　あっせんの打ち切り

　　あっせん委員は、次のいずれかに該当するときは、あっせんを打ち切ることができます。

- ⓐ あっせん開始の通知を受けた被申請人が、あっせんの手続に参加する意思がない旨を表明したとき
- ⓑ あっせん委員から提示されたあっせん案について、紛争当事者の一方または双方が受諾しないとき
- ⓒ 紛争当事者の一方または双方があっせんの打ち切りを申し出たとき
- ⓓ 関係労使からの意見聴取その他あっせんの手続の進行に関して紛争当事者間で意見が一致しないため、あっせんの手続の進行に支障があると認めるとき
- ⓔ 以上のほか、あっせんによっては紛争の解決の見込みがないと認めるとき

キ　時効の中断

　あっせんが打ち切られた場合において、あっせんの申請をした者が打ち切りの通知を受けた日から30日以内にあっせんの目的となった請求について訴えを提起したときは、時効の中断に関しては、あっせんの申請のときに、訴えの提起があったものとみなします。

❸　都道府県労働局雇用環境・均等部（室）が行う紛争解決援助制度

　都道府県労働局雇用環境・均等部（室）では、労働者と事業主との間で、男女均等取扱い、育児・介護休業、パートタイム労働者の雇用管理について民事上のトラブルが生じた場合、解決に向けた援助を行っています。具体的には、下記の事項となります。詳しくは最寄りの雇用環境・均等部（室）（236ページ）にお問い合わせください。

（1）男女雇用機会均等法に基づく紛争解決援助

　　対象者　紛争の当事者である男女労働者および事業主
- ○　以下の事項に関する性別による差別的取扱い
　　募集・採用※、配置（業務の配分および権限の付与を含む）・昇進・降格・教育訓練、一定の範囲の福利厚生、職種・雇用形態の変更、退職勧奨・定年・解雇・労働契約の更新
　　※　募集・採用についての紛争は、調停の対象とはなりません。
- ○　一定の範囲の間接差別
- ○　婚姻を理由とする解雇等、妊娠・出産等を理由とする解雇その他不利益取扱い
- ○　セクシュアルハラスメント
- ○　母性健康管理措置（妊娠中・出産後の女性労働者の健康管理）

（2）育児・介護休業法に基づく紛争解決援助

　　対象者　紛争の当事者である男女労働者および事業主

- ○ 育児休業制度
- ○ 介護休業制度
- ○ 子の看護休暇制度
- ○ 介護休暇制度
- ○ 育児のための所定外労働の免除
- ○ 時間外労働の制限、深夜業の制限
- ○ 育児のための所定労働時間の短縮措置
- ○ 介護のための短時間勤務制度等の措置
- ○ 育児休業等を理由とする不利益取扱い
- ○ 労働者の配置に関する配慮

（3）パートタイム労働法に基づく紛争解決援助

　　対象者　紛争の当事者である男女労働者および事業主

- ○ 労働条件の文書交付等
- ○ 通常の労働者と同視すべきパートタイム労働者に対する差別的取扱い
- ○ 職務の遂行に必要な教育訓練
- ○ 福利厚生施設の利用の機会
- ○ 通常の労働者への転換を推進するための措置
- ○ 待遇の決定についての説明

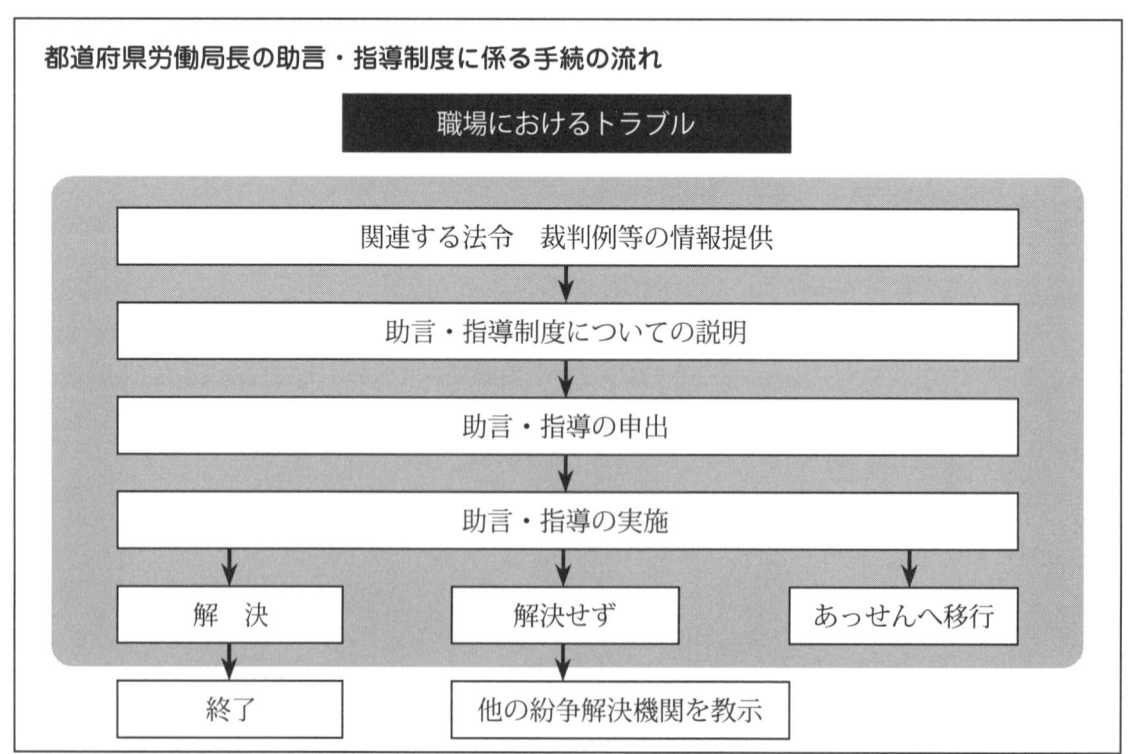

Ⅰ 個別労働紛争解決促進法による制度の概要

紛争調整委員会によるあっせん手続の流れ

あっせんの申請
都道府県労働局総務部、最寄りの総合労働相談コーナーにおいて、あっせん申請書を提出

↓

都道府県労働局長が、紛争調整委員会へあっせんを委任 (注1)

↓

あっせんの開始通知
あっせん参加・不参加の意思確認 (注2)

↓

あっせん期日（あっせんが行われる日）の決定、あっせんの実施
あっせん委員が
- 紛争当事者双方の主張の確認、必要に応じ参考人からの事情聴取
- 紛争当事者間の調整、話し合いの促進
- 紛争当事者双方が求めた場合には、両者が採るべき具体的なあっせん案の提示

などを行います。

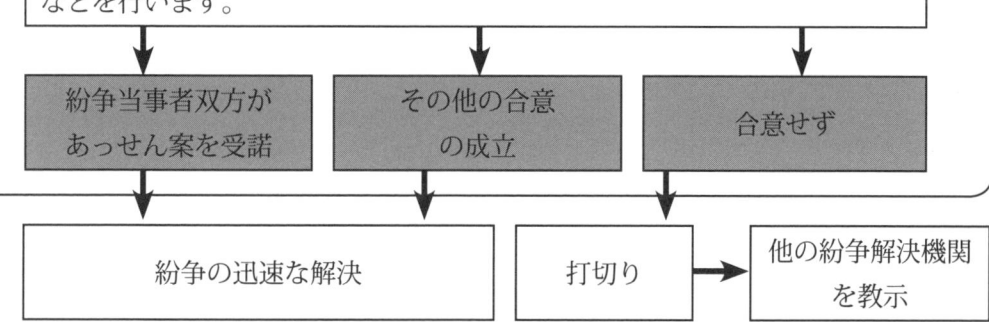

↓

| 紛争当事者双方があっせん案を受諾 | その他の合意の成立 | 合意せず |

↓

紛争の迅速な解決 ／ 打切り → 他の紛争解決機関を教示

□ 労働局が行うもの　　■ 申請人などが行う、または判断するもの

（注1）必要に応じて申請人から事情聴取などを行い、紛争に関する事実関係を明確にした上で、都道府県労働局長が紛争調整委員会にあっせんを委任するか否かを決定します。

（注2）あっせん開始の通知を受けた一方の当事者が、あっせんの手続に参加する意思がない旨を表明したときは、あっせんを実施せず、打ち切ることとなります。

Ⅱ 他の紛争解決制度の紹介

　個別労働紛争を解決するための機関としては、都道府県労働局における相談コーナーのほかに、地方公共団体、裁判所などがあります。以下では、制度の概要を紹介します。

都道府県等の地方公共団体

○　労政主管事務所
　　都道府県の出先機関である労政主管事務所などにおいては、地域の実情に応じた労働相談を行っており、労働問題、紛争解決に向けて必要な情報提供、アドバイス等を実施しています。また、一部の地方公共団体の労政主管事務所でも、労働相談に加えて、簡易なあっせんの実施等による紛争解決の取組みが行われています。

○　都道府県労働委員会
　　都道府県労働委員会は、従来、労働組合法に基づき、労働組合と事業主間におけるいわゆる集団的な労使紛争の解決に向けた調整を行っていましたが、個別労働紛争の増加や紛争解決ニーズがますます増大する中、個別労働紛争を対象としたあっせん等の紛争解決処理を行う都道府県労働委員会も多数あります（平成23年現在、39の都道府県労働委員会において実施）。都道府県労働委員会は、公益委員、労働者委員、使用者委員の三者から構成されており、当該委員会が行うあっせんは、これら三者による労使慣行等を踏まえた意見調整による細やかな処理に大きな特徴があります。

裁判所

　個別労働紛争を含め、我が国において紛争を解決する最終的機関が司法機関（裁判所）です。費用、手続も含めその詳細については、最寄りの裁判所の相談窓口にお問い合わせください。

○　訴　訟
　　民事訴訟は、法廷で、双方の法律上の主張を聴いたり、証拠を調べたりした上で判決により紛争当事者の権利・義務関係を確定する最終的な紛争解決のための手続です。訴訟は、誰でも行えることになっていますが、求める金額によって取り扱う裁判所が異なります。求める金額が140万円以下の場合は簡易裁判所、140万円を超える場合は地方裁判所に申し立てることになります。現実的には法律の専門知識が必要であり、その手続を行うに当

たって弁護士への依頼等を行うことが多いようです。

なお、民事訴訟のうち、少額の金銭の支払い（60万円以下）をめぐるトラブルについては、これを簡易に解決するための少額訴訟制度があります。この制度は、簡易裁判所に申し立て、原則として1回の期日で双方の主張を聴き証拠を調べてその場で直ちに判決が言い渡されます。よって、証拠書類や証人は審理の日にその場ですぐ調べることができるものに限られます。

○ **支払督促**

支払督促は、簡易裁判所を通じて金銭の支払いを求める制度です。確定すると訴訟における判決と同様の効力が生じます。申立に際しては、申立人と相手方の住所、氏名、電話番号、請求金額、金額の支払いを請求することができる理由を書いた支払督促申立書を提出することになりますが、支払督促は原則この書類の審査のみで発付されますので訴訟の場合のように申立人が裁判所の法廷に出頭する必要はありません。

裁判所が発付する支払督促に対して、相手方の異議があれば訴訟となりますが、異議がなければ申立人は仮執行の宣言を経て強制執行に移ることもできるので、迅速な紛争解決が図れるといえます。

○ **民事調停**

民事調停は、簡易裁判所（一定の場合は地方裁判所）の仲介によって、相手方と話し合いによりトラブルを解決する手続です。調停の申立に際しては、申立人および相手方の住所、氏名、どのような紛争についてどのような調停を行ってもらいたいかを記載した申立用紙を裁判所に提出することとなります。

具体的な手続としては、裁判所の裁判官と調停委員とで構成する調停委員会が、指定された期日において紛争当事者の双方に対して、主張の聴取、円満な解決に向けての調整、説得を行います。調停委員会の説得の結果、当事者間に合意が成立した場合、その内容は「調停調書」としてとりまとめられ手続が終了します。調停調書には通常の契約と異なり確定判決と同じ強い効力が与えられており、調書の内容が実行されない場合には強制執行することができます。

労働審判制度

労働審判制度は、地方裁判所の労働審判委員会が個別労働関係民事紛争について解決を図る制度です。

具体的には、裁判所の裁判官である労働審判官1名と労働関係の専門家である労働審判員2名で構成する労働審判委員会が、原則として3回以内の期日で審理し、争点や証拠の整理を行い、

原則として調停による解決または労働審判（実情に応じた解決案の提示）を行うものです。

　この労働審判に不服のある場合、2週間以内に異議の申立をすることができ、その場合は、労働審判の効力を失うことになります。異議の申立がないときは、裁判上の和解と同一の効力を有することになります。

裁判外紛争解決手続の利用の促進に関する法律（ＡＤＲ法）に基づくもの

○　紛争解決センター（弁護士会）

　　個別労働紛争の解決に関する民間における取組みのひとつに、弁護士会が運営している「紛争解決センター」があります。

　　「紛争解決センター」では、労使紛争を含めた民事的な紛争一般を対象に、その解決のための処理をしています。

　　具体的には、「紛争解決センター」の弁護士があっせん人・仲裁人となり、
　① あっせん人が両当事者の言い分を十分に聴き和解のあっせんを行う。
　② 当事者双方が仲裁人の判断に従うという合意（仲裁合意）のうえ、仲裁人が当事者の言い分を聴き最終的に判断する（仲裁判断）。

　　この仲裁判断は裁判所の判決と同じ効力を持ちます。ただし、仲裁判断には不服申立はできません。

　　このように、当事者間の話し合いで紛争を解決したり、仲裁合意をした場合に、仲裁人の判断によって紛争を解決しようというものです。

　　手続費用としては、原則として申立手数料、期日手数料、成立手数料が必要です。

　　弁護士会のほかにも、社会保険労務士会が「社労士会労働紛争解決センター」で個別労働紛争のあっせん等を行っているほか、法務省に認証された認証紛争解決事業者も、調停、あっせん等を行うことができます。

III 個別労働紛争解決事例

事例1 入社した数日後に解雇を言い渡されたことをめぐる助言・指導事例

普通解雇

申出の概要

申出人X（労働者）は、求人誌を見て機械部品加工会社Y（被申出人）の事務職の採用面接を受けたが不採用となった。その後、Yの人事担当者から電話があり、急遽退職する労働者が出て人員が不足しているため、当社で働いてくれないかと打診があった。Xはこれに応じ、1年更新の有期労働契約で勤務することとなった。しかし、入社して3日後、いきなり辞めるように言われた。Xは継続勤務を望んでいるが、どうしてもできないということであれば、金銭補償を希望し労働局長の助言・指導を求めた。

紛争当事者の主張

 申出人X（労働者）

出勤初日の朝、雇用契約書に署名したが写しをもらうことができず、契約期間は口頭で伝えられ、試用期間もないと伝えられており、労働条件の詳細は不明であった。このほか、署名するときには、犯罪を犯すようなことをしない限りは解雇しないと説明を受けた。

その後、与えられた業務を覚えながら作業を行っていたところ、入社して3日後の昼、人事担当者に別室へ呼ばれ、「辞めてほしい。入社後3日しか経過していないため、解雇予告手当も支払わない」と言われた。

数日しか勤務していないため言葉の意味が理解できず、契約内容の詳細を知らされないまま勤務し、いきなり「採用は取り消す。明日から来なくてよい」というようなことを言われて混乱している。即時解雇を通告されたことには到底納得できないため、契約期間満了までの継続雇用を希望し、無理であれば今後の生活補償として40万円の支払いを求めたい。

被申出人Y（事業主）

人事担当者からは、いったん採用を行ったが、Xはワードやエクセルなどの基本的なパソコンの操作ができなかったため、人材のミスマッチであると判断し、採用をなかったことにさせていただいたと報告を受けている。しかし、どの程度能力不足だったかの詳細については確認しておらず、簡単に解雇しては

ならないことは理解している。

　Xが納得していないようなので、私から改めて人事担当者に確認を行い、Xに対しても話し合いの場を設けることとする。

助言・指導の内容

　たとえ勤務開始の3日後であっても、雇用契約書を書面で交わしており、申出人Xは労務を提供しているため、雇用契約は成立しているといえる。また、解雇するのであれば、労働基準法第20条の解雇予告の手続が必要となり、労働契約法第16条、第17条を考慮する必要がある。さらに、Xに対する業務遂行能力の適性を判断するにしても、数日で判断できるものではなく、時期尚早ではないか。使用者として、Xに教育指導を行い、能力の向上を図った上で継続雇用か否か判断すべきである。

結　果

　申出人Xと被申出人Yとの間で話し合いが行われ、当初配属された部署での仕事におけるミスマッチは事実であったが、本人の継続勤務の意思を確認できたため、別の部署に配属することとなり、改めて締結した雇用契約書どおりに勤務することとなった。

　その後、Xからは「雇用契約書の交付があり、労働条件の明示を受けた。また、当初の部署と異なることとなったが、変更後の業務内容には満足しており、契約期間も1年間となった」と報告があった。

【参考条文】
労働基準法第20条
1．使用者は、労働者を解雇しようとする場合においては、少くとも30日前にその予告をしなければならない。30日前に予告をしない使用者は、30日分以上の平均賃金を支払わなければならない。但し、天災事変その他やむを得ない事由のために事業の継続が不可能となった場合又は労働者の責に帰すべき事由に基いて解雇する場合においては、この限りでない。
2．前項の予告の日数は、1日について平均賃金を支払った場合においては、その日数を短縮することができる。
3．前条第2項の規定は、第1項但書の場合にこれを準用する。

　雇入れの数日後であっても、雇用契約は入社初日から成立しているため、採用取消しを行うことはできず、労働基準法第20条で定める解雇予告の手続が必要となる。また、現実的に申出人Xの能力不足があったとしても、安易に解雇することはできず、幾度にわたる教育指導等を行う必要があり、これを行った上で継続勤務か解雇予告かを判断すべきである。

III 個別労働紛争解決事例

事例2 普通解雇か自主退職かが争われたあっせん事例　　普通解雇

申請の概要

申請人X（労働者）は、物品販売業を行う事業場において7月27日より営業社員として勤務していたが、9月20日上司であるW主任から即時解雇の通告を受けた。翌日、代表取締役社長Yと話し合うべく出社したところ、Yはおらず、申請人の机、営業かばんなどの備品も処分されていた。以降、Xが解雇予告手当の支払いを要求したところ、Yが解雇事実はないとし、YはXとの話し合いを拒否した。解雇は突然のことでもあり、解雇予告手当の2倍相当額の和解金の支払いを求めあっせんの申請を行った。

紛争当事者の主張

 申請人X（労働者）

Y社長からの指示の有無については不明であるが、9月20日、営業中の車の中で同僚のZ班長より、上司であるW主任から指示を受けたとして「商品を売れなかったら辞めろ」と伝えられた上、同日帰社後W主任に確認したところ、「社長と話をして辞めるなら机の整理をしろ」と言われた。翌日出社したところ、すでに机や営業かばんなどの備品が撤去されており、Y社長からも話し合いを拒否され続けている。明らかに解雇としての取扱いである。また、突然のことでもあり、会社には解雇予告手当の2倍相当額の金額を支払ってもらいたい。

また、9月15日から3日間は自分を含め売上げの上がらない社員3人が地理の不案内な地域に放置され営業活動を強いられたりした。このような不当な扱いは成績が上がらない自分への退職勧奨と受け止めていた。その直後に解雇通告を受けたものである。

 被申請人Y（事業主）

解雇を指示した事実はない。Z班長やW主任には何度も確認したが、両名とも「辞めろと言った覚えはない」旨を言っている。

社内で事実確認を行ったところ、9月20日、Xの営業に同行した社員からは、Xが自分から「片をつける。身を引く」と言っていたと聞いている。また、W主任からは、Xは帰社後「もう辞める。机の整理に明日来る」と言い捨て、帰宅した旨を聞いている。

翌日、Xが定時になっても出社しないことから、前日の経緯もあり、事務員に指示してXの備品を整理した。当社としては、労働者の自主退職であると認識している。

営業地区の指定を行っているのは各人の能

力を引き出すための手段であり、退職勧奨などではない。

あっせんの内容

紛争当事者の双方を対面させた上で、あっせん委員が双方の主張の調整を行うことによりあっせんを実施したが、退職に係る事実関係についての当事者の認識に大きな隔たりが認められ感情的な言い争いとなった。

あっせん委員が、申請人Ｘをいったん退席させた上で、被申請人Ｙに和解金支払いによる紛争解決について打診したところ「和解金の支払いは悪い前例となる。他の社員にも示しがつかない。支払いについて妥協できない」旨を主張した。あっせん委員が重ねて説得したところ「解雇予告手当相当額であれば和解金として支払いに応じてもよい」と譲歩した。

次に、Ｘのみに対して、あっせん委員が紛争解決方法について打診したところ「これまで事業主に面談する機会がなかったが、今回あっせんにおいて自分の主張ができたことで満足している。解決方法についてはあっせん委員に一任したい」とのことであった。そこで、あっせん委員が和解金支払いについて説明したところ、同意を得た。

結　果

和解金の金額について双方の主張の調整を行った結果、被申請人Ｙが申請人Ｘに対して和解金として解雇予告手当相当額の金銭を支払うことで、紛争当事者間の合意が成立した。また、その旨を記載した合意文書の作成が行われた。

申請人Ｘの退職に係る経緯について紛争当事者間の主張に大きな隔たりが認められる中、解雇なのか自主退職なのか事実関係の特定が困難であることを前提とした上での、和解金の支払いが争点となり、当初、あっせんの場においても双方とも感情的であったが、個別の場でのあっせん委員の説得により双方とも冷静になり、お互いに和解に向けて譲歩を示し、和解金の支払いでの解決に至った。

III 個別労働紛争解決事例

| 事例 3 | 普通解雇をめぐり和解金の支払いを求めたあっせん事例 | 普通解雇 |

| 申請の概要 | 申請人X（労働者）は、菓子製造業を行う事業場Yにおいて、経理を担当する事務員として8年弱の間勤務していたが、上司および他の従業員とのコミュニケーションが図れず職場に適さないという理由で30日前に予告を受けたのち、9月20日付で解雇された。Xは、本件解雇は社長や専務の恣意的な感情による不当なものであるとして、1年間分の生活費相当額の補償金の支払いを求めてあっせんの申請を行った。 |

紛争当事者の主張

 申請人X（労働者）

仕事でミスしたわけでもなく、社長や専務の恣意的感情により、解雇されたことに納得がいかない。重病の母がおり、看病もしているが、辞めるとすぐには仕事が見つからず、生活が苦しいことなどを訴えても、社長からは「そんなことは知ったことではない」などと言われた。

解雇の理由にもならないことで辞めさせられたことに、精神的に大きな傷を負った。社長や専務に対して慰謝料を請求したい思いで、今回のあっせん申請を決意した。

勤務していた8年弱の間に、10人ほどの社員が解雇されたが、すべて恣意的な感情から理由もなく即時解雇されたものである。

会社側の主張する解雇理由は、上司および他の従業員とのコミュニケーションが図れないというものであるが、事実無根であり到底納得できない。

本来であれば解雇撤回を求めて争うところであるが、このような仕打ちを行う会社への復帰は考えていない。求める補償金額は1年間分の生活費相当額であるが金額にそれほどこだわるつもりはなく、その半分でもいいと思っている。金額の問題以上に社長に自分の非を認めて謝ってほしい。

 被申請人Y（事業主）

Xは他の従業員との協調性がなく、上司に対しても反抗的な態度をとるなど職場環境を悪化させる大きな要因となっており、性格がきつく来客からの評判も悪かったこと等から解雇した。会社に悪い影響を及ぼすものであることから解雇したまでであり、落ち度はないと考えている。金銭を支払う気もないし謝罪する気もない。

あっせんの内容

あっせん期日において、あっせん委員が個別に紛争当事者双方と面談の上、主張の聴取を行った。被申請人Yは、当初、申請人Xに対する謝罪はもちろん金銭の支払いには応じられない旨を強硬に主張していたが、あっせん委員が裁判例等を例示しながら正当な理由のない解雇は権利の濫用に当たると判断される場合が多いこと等を説明、譲歩を求めたところ、金銭の支払いには応じる旨、主張を軟化させた。

その後は、和解金等について紛争当事者双方の主張の調整を行った。

Yは「Xに対して賃金1カ月分相当額および昨年の12月に支払ったボーナスの2分の1相当額の合計額（41万円）を和解金として支払う。申請人に対する謝罪は行わない」旨を申し立てた。

XにYの意向を伝えたところ、最低限賃金3カ月分相当額程度（約77万円）は支払ってほしいと申し立てた。

あっせん委員は、Yに「本件の場合、紛争の経緯から賃金3カ月分相当額の請求は妥当だと考えられる」と説明を行った。

これに対してYは「和解金として50万円を支払う。これ以上の増額については対応できない」旨を申し立てた。

Xに、Yの主張内容を伝えるとともに譲歩を促したところ、Xは「50万円の和解金の支払いで同意する」と申し立てた。

結　果

被申請人Yが申請人Xに対して、和解金として50万円を支払うことで、紛争当事者双方の合意が成立した。また、その旨を記載した合意文書の作成が行われた。

被申請人Yが金銭の支払い等に応じるか否か、紛争当事者双方が折り合える具体的な支払いの額の2点が争点となり、当初、Yはあっせんの場に出てきたものの、まったく妥協する姿勢がなかったが、あっせん委員の裁判例等を例示しながらの説得により、金銭による解決に応じるまで態度を軟化させ、また、Xも和解金額に譲歩を示し、双方の合意が成立した。

III 個別労働紛争解決事例

事例4 一方的な解雇通告（退職勧奨）をめぐる助言・指導事例

普通解雇

申出の概要

申出人X（労働者）は損害保険会社代理店Y（被申出人）で働いており、主な業務は顧客訪問であった。Xは入社以降、業績を上げて会社に貢献してきた。ある日、社長から退職勧奨を受けたが、即答せずに、通常業務を行っていた。翌週も通常どおり仕事をしていたが、今度は怒鳴り声とともに解雇通告を受けた。Xは何も悪いことをした記憶がないにもかかわらず、このようにして解雇された。理不尽な仕打ちを受けたと思うので復職は望まないが、会社と冷静に話し合いができる場を設けてほしい。

紛争当事者の主張

申出人X（労働者）

社長は短気な性格であるため、いつも怒鳴られながら仕事をしていた。社長からある日突然「解雇だ。今週いっぱいで机を整理し、来週から出社しなくてよい」と退職勧奨を受けたが、応じるつもりがなかったため、いつもどおり顧客対応など、通常業務を行っていた。翌週、勤務していたところ、突然、「なぜ出勤している。出て行け」と大声で怒鳴られた。このため、翌日からは出勤していない。

今まで誠実に勤務し会社に貢献しており、遅刻や顧客からのクレームなどもほとんど受けていないため、なぜこのような扱いを受けたのかがわからない。理不尽な仕打ちを受けたため、会社に戻るつもりはなくなったので、「ハローワークへの手続の関係で会社に行きたい」旨を電話したが、社長は「もう連絡してくるな」の一点張りで話し合うつもりがないようである。このため、冷静な話し合いができるよう助言・指導を行ってほしい。

被申出人Y（事業主）

会社の業績悪化が著しく、人員削減が必要となったため、申し訳ないがXには退職してもらおうと思い、退職勧奨を行ったが、解雇は通告していない。あのときはこちらも感情的になり、冷静に話し合いができなかった。

助言・指導の内容

　解雇通告をしたか否かについては、もはや水掛け論となってしまい判断することはできないが、申出人Xは身に覚えのないことで突然の解雇通告を受けたと主張しており、解雇には納得ができないと主張している。円満に退職することを前提に当事者間で冷静に話し合うよう助言・指導した。

結　果

　助言・指導の後、双方が冷静になって話し合いができた。その中で、申出人Xは被申出人Yから退職勧奨を行った理由の説明を受け、最後の賃金の支払い方法や離職票の交付時期などについても説明があった。さらに、今後の生活補償としてYから30万円の支払いがあった。

　解雇通告の有無等、当事者双方の主張に食い違いがあり、また双方とも感情的になっていたが、冷静に話し合うようにとの助言・指導を受けた結果、被申出人Yから申出人Xに対し適切な説明があり、また生活補償費30万円が支払われることになった。

III 個別労働紛争解決事例

事例 5　解雇理由は事実無根だとして和解金の支払いを求めたあっせん事例

普通解雇

申請の概要

申請人X（労働者）は、2年前より病院にて受付業務を担当していたが、10月10日、被申請人Y（事業主）である院長より11月20日付の解雇予告を受けた。解雇理由は、①遅刻が多いこと、②患者に対しての誠意の欠如、③他の従業員との相互協力の欠如、④職場異動の拒否の4点（いずれも被申請人である病院が発行した解雇理由書に記載）。Xは、Yが挙げた解雇理由はいずれも事実無根であり解雇は不当なものであるとして和解金40万円（12月支給予定だった賞与相当分として賃金2カ月分相当額）の支払いを求めあっせんの申請を行った。

紛争当事者の主張

申請人X（労働者）

10月10日、院長より解雇予告を受け、11月20日付けをもって解雇となった。解雇撤回を争っても将来の展望が開けるわけではなく復職を希望するものではない。不当解雇に対する和解金の支払いと引き換えに解雇を受諾したいと考えあっせんを申請した。

あっせんにより求める解決金額は、12月にもらえるはずだった賞与相当分、2カ月分賃金相当額程度である。賞与は、毎年7月と12月に支給されており、賃金の1.5～2カ月分程度であった。退職時の賃金は、基本給20万円、職能給2000円の計20万2000円。過去の賞与は、約30～40万円であった。

院長に対しては、10月10日、解雇予告を受けたときに賞与等の請求を行ったが、院長は「考えてみる」と言っただけで、その後回答はもらっていない。

院長からは、解雇予告を受けるまでの勤続2年間、一度も注意を受けたことはない。解雇理由もあやふやであり、到底納得できない。忙しいときだけ働かせて暇な時期（12月～2月）かつ賞与支給日前に、使い捨てのように解雇するのは納得できない。賞与や賃金が惜しくて解雇したとしか思えない。

本年7月支給の賞与は普通にもらっており、その3カ月後に解雇予告を受けたり勤務評定が下がるのはおかしいと思う。

被申請人Y（事業主）

Xは、勤務態度が不良であり、院内の異動についても身勝手な都合により拒否する等問題が多かった。本来なら懲戒解雇に該当するところであるが、普通解雇として対処した。賞与の査定については院長である自分が個々の労働者ごとに勤務評定を行い支払っている

が、Xの場合、仮に賞与を支払う余地があるとしても勤務評定ゼロである。病院に勤務する他の労働者との兼ね合いもあり、賞与の支払いも含めた和解金の支払いは困難である。

賞与は、①7月・12月の支給、②査定期間1～6月・7～12月、③労働者ごとに査定、④査定方法は事業主において勤務評定を行う、⑤査定には明文化した指標等はなく事業主の判断である。

あっせんの内容

被申請人Yは当初「事業場における賞与の支払基準、申請人Xの勤務状況等から、Xに対して賞与を支払うわけにはいかない」旨を強硬に主張していたものの、あっせん委員より「本件は懲戒解雇ではない」「勤務評定ゼロはあり得ない」「解雇の正当不当にかかわらず賞与債権は発生する」等指摘の上再考を促したところ、Yはこれをいったん固辞したものの「他の労働者との兼ね合いもあるが、和解金としての支払いには応じようと考えている」と、その主張を軟化させた。

その後、個別の面談、電話連絡等により、紛争当事者双方から主張を聴取、和解金額について段階的な調整を行うことにより双方の歩み寄りを促進した。

あっせん委員が、紛争当事者双方の申立に食い違いがあり事実認定が困難であることから、Yが主張するような解雇の正当性を確認することが困難である旨を説明した上で解決金額の譲歩を説得したところ、Yは「Xは当初30万円の主張をおそらく賃金1月分の20万円と妥協した。当方も、当初ゼロとしたものを、10万円まで妥協した。あっせんとは両者の歩み寄りだと理解しているので、中間の15万円であれば支払う」旨を申し出た。

あっせん委員が、XにYの主張を伝え、意向を確認したところ、Yの主張する額での合意を了解した。

結　果

被申請人Yが申請人Xに対し15万円を所定期日までに支払うことで、紛争当事者双方の合意が成立した。また、その旨を記載した合意文書を作成した。

申請人Xが和解金の支払いと引き換えに解雇を受諾したい旨の主張を行う一方、被申請人YはXの勤務状況不良等を理由に和解金の支払いに難色を示したものであり、和解金の支払いの可否および具体的な和解金額が争点となった。

あっせんにより、Yは解雇の正当性に非があることを認め、和解金による解決に理解を示し、一方Xも和解金額に譲歩を示し、双方の合意が成立した。

III 個別労働紛争解決事例

| 事例 6 | 協調性の欠如等を理由とする解雇の撤回を求めたあっせん事例 | 普通解雇 |

| 申請の概要 | 申請人Ｘ（労働者）は、電器製造業の事業場Ｙにおいて、パートタイムの製造工として8月11日から勤務していたが、9月2日に協調性に欠け、職場の雰囲気を悪化させている等の理由により同日付で解雇された。Ｘは、当該処分は無効であるとして撤回を求めたが、被申請人がこれに応じないため、あっせんの申請を行った。 |

紛争当事者の主張

 申請人Ｘ（労働者）

　管理課長より「協調性に欠け職場環境を悪化させる。上司の指示に従わない」等全く身に覚えがないことを理由にして、突然解雇を通告された。

　労働契約の期間は、来年の2月末日までであり、突然会社を放り出されても経済的に立ち行かなくなり大変困る。何よりまじめに勤務していたにもかかわらず言いがかりにすぎないような理由で解雇となったこと自体が納得できない。

 被申請人Ｙ（事業主）

　Ｘは上司の指示に従わず反抗的な態度をとる、他の社員との協調性に欠け、大声で自己の主張をわめき散らす等職場環境を著しく悪化させていたことから、やむなく解雇した。解雇予告手当の支払い等法定の手続も履行し問題はないものと考えており、解雇の撤回はできない。

あっせんの内容

　あっせん委員が紛争当事者双方に個別に面談の上、その主張を聴取、あっせんを実施した。

　あっせん委員が解雇の事実関係について尋ねたところ、労働者が9月2日付をもって解雇されたことについては、紛争当事者双方とも争いはなかったが、解雇理由について双方の主張に食い違いが認められた。

　あっせん委員は、紛争当事者の双方に対し、労働者の復職以外の解決方法について受け入れる考えがあるか否かを打診したところ、被申請人Ｙは復職は困難である旨主張し、他の解決方法については検討する用意がある旨を回答したのに対し、申請人Ｘは解雇の撤回および復職について同様の主張を繰り返した。これ以上の進展が望めず、あっせん委員が再度Ｘに対し「その他の方法も考えてみてはど

うか」と勧めたところ、Xは復職がどうしても無理なのであれば、一定の条件の下、解雇を受け入れる旨を申し立てた。

さらに、あっせん委員が復職に代わる解決方法について、その意向を紛争当事者の双方に確認したところ、Xは和解金として解雇の翌日（9月3日）から11月16日まで働いたとして支払われる賃金相当分の支払いを求め、これに対しY側も応ずる旨の返答があり双方合意に至った。

結　果

① 申請人Xは被申請人Yとの雇用契約の終了を了承する
② YはXに対して紛争にかかわる和解金として30万円（申請人の1日当たりの賃金相当額×50日分）を支払うこと

で紛争当事者双方の合意が成立した。
また、その旨を記載した合意文書の作成が行われた。

① 被申請人Yが解雇撤回を行うべきか否か
② 解雇の撤回に代え被申請人が支払うべき和解金の具体的な額

の2点が争点となった。

あっせん当初、申請人Xは解雇不当だとして解雇の撤回にこだわり、一方Yは、解雇は正当であり、撤回はできないとする主張を変えず、双方の主張が平行線をたどったが、あっせん委員が両者に他の解決策を検討してみるよう示唆したところ、双方とも解雇を前提に和解金により解決することで合意した。

III 個別労働紛争解決事例

事例 7
派遣先でのトラブルを理由とする解雇をめぐるあっせん事例

普通解雇

申請の概要

卸売業A社に正社員として勤務している申請人Xは、取引先であるB百貨店のC支店に販売員として派遣され勤務していた。しかし、派遣先での人間関係がうまくいかず、同僚に対するいじめも行ったとして、A社（被申請人）の社長から、派遣の打ち切りと1カ月後の解雇通告を受けた。

Xは、解雇は一方的であり、理由も不当であるとして、解雇の撤回を求めたが、A社から拒否されたため紛争に発展し、不満に思ったXがあっせんを申請した。

紛争の背景

申請人Xは、A社に昭和○年に採用された。これまでの勤務態度は良好で、販売成績についても常にトップクラスであった。

A社は、過去のXの勤務態度等からもいじめをするとは考えられなかったが、A社は事実関係を調査していなかった。

今回の派遣の打ち切りは、取引先であるXの派遣先の百貨店の意向であるので、事業主（被申請人）としても応じざるを得なかった。

Xの別店舗への異動も社内で検討したが、他に欠員が出る予定もなく、売場の採算性から考えても新たな枠を確保することは困難であり、内勤についても同様の理由で断念した。

紛争当事者の主張

申請人X（労働者）

いじめを行った事実はなく、解雇を撤回してもらい、別の支店で働きたい。これが無理であれば、退職金とは別に補償として6カ月分の賃金相当額の支払いを求めたい。

 被申請人Y（事業主）

解雇の撤回はできないので、金銭補償による解決を求める。補償金として4カ月分の賃金相当額ならば支払いに応じる旨の申出を行った。

あっせん内容

あっせん委員が当事者双方に個別面談しそれぞれの主張を確認するとともに、解決に向けての意向を確認したところ、申請人Xは、解雇は受け入れるが、会社に誠意ある対応を求めているのに対し、被申請人Yは取引先の都合でやむを得ずXを解雇したもので、会社の実情からも補償は4カ月分が限度だと主張した。

あっせん委員は、双方に対し、あっせんによる紛争解決の意思があるかどうかを再確認するとともに、当事者双方にさらなる譲歩を求め、補償金の調整を行った。

○　Xの再度の主張

支払いの月数を減らすのなら、基本給だけでなく、職能給等も含めてほしい。

○　Yの再度の主張

会社の支払能力等を勘案し、125万円（基本給の5カ月分程度）で解決したい。

再度、あっせん委員から、Xに譲歩の余地を確認した上であっせん案を提示した。

あっせん案
　　YはXに対して、補償金として金125万円を支払うこと。

結　果

当事者双方とも、あっせん案を受諾した。

解雇の撤回については、当事者双方の主張に隔たりが大きく、解決の見込みがなかったので、金銭解決として解決することになった事案。

双方ともあっせんの場での解決に意欲的で、お互いに解決金額に譲歩を示し、早期の解決につながった。

III 個別労働紛争解決事例

事例 8　パワハラにより発症した可能性のある精神疾患の休職期間満了による解雇をめぐるあっせん事例　【普通解雇】

申請の概要

申請人X（労働者）は5年前にタクシー会社Y（被申請人）に乗務員として採用され、勤務してきた。Xは部長から「挨拶がなっていない。売上げをもっと上げろ」など、たびたび怒鳴られるというパワーハラスメントを受け、体調を崩してしまった。仕事を休みがちになったため、Yから解雇を通告されたが、納得できず、知人に相談しながらYに意見を伝えていた。

すると、社長から連絡があり、話し合いを行った結果、解雇を撤回するので体調が良くなったら職場へ戻るように言われたため、Xはこれに応じ、休職することとなった。Xは休職していたところ、11月3日に部長から連絡があり、11月末までに退職届の提出と健康保険証の返還を命じられたが納得できず、これを解雇と受け止め、あっせん申請を行った。Y社で働き続けるつもりはないが、通院する必要があり、今後の生活補償をしてほしい。

紛争当事者の主張

申請人X（労働者）

部長からの「挨拶がなっていない。どういう仕事の仕方をしているんだ。売上げをもっとあげろ」など、パワーハラスメントにより精神的苦痛を受け、体調不良により休みがちになった。売上げを伸ばすよう客待ちする場所を変更するなどの努力はしていたが、競合する会社が多いためなかなか難しかった。このような状況で勤務を続けていたが、徐々に体調は悪化し、主治医からは休業するよう命じられた。解雇はいったん撤回され、傷病手当金の支給を受けながら休職していたが、11月に再び解雇ともいえる通告を受けた。

解雇予告手当相当額30万円、年次有給休暇の残日数15日分の買い取りとして20万円の支払いおよびパワーハラスメントによる精神的苦痛に対する慰謝料50万円の合計100万円の支払いを求め、さらに、会社都合の退職を認めることを求める。

被申請人Y（事業主）

就業規則には「休職期間は3カ月を限度とし、回復しない場合には自主退職とする」と定めている。Xに対しては、就業規則に規定する休職期間をさらに3カ月延長して様子を見ていたが、いつまでも延ばすことはできなかったため、「復職できない場合は11月末で退職すること」と説明し、合意を得ていた。

その後、Xから何の連絡もなく、また、連絡が取れない状態が続いたので退職するよう求めただけであり、解雇したわけではない。

なお、部長からパワーハラスメントを受けたとのことで、社内調査を実施したが、その事実は確認できなかった。一定の金銭解決に応じるつもりはあるが、会社都合の退職に応じるつもりはない。

あっせんの内容

労働契約を終了するという点では、両者に争いがなかったため、被申請人Yが支払う解決金の額と退職理由についての調整が必要となった。あっせん委員はパワーハラスメントの事実の有無の証明にとらわれることなく解決に向けた歩み寄りを双方に促し、Yには金額面での譲歩を求め粘り強く説得を行った。あっせん委員が調整を行った結果、Xが辞表を提出することとなり、Yも金銭的な歩み寄りを見せ、合意が成立した。

結 果

あっせんの結果、申請人Xは11月30日付けの自主退職とし、被申請人YがXに45万円支払うことで合意がなされた。

パワーハラスメントの事実の有無の証明にとらわれることなく、あっせん委員が双方に粘り強く歩み寄りを求めて調整を行った結果、両者が納得して自主退職扱い、解決金45万円の支払いで合意が成立した。

事例 9　解雇理由に納得できず慰謝料の支払いを求めたあっせん事例

普通解雇

申請の概要

　申請人Xは、平成○年○月○日に新規採用された。身分は正社員、勤務時間は午前9時30分から午後5時45分まで、賃金は月給制で18万円ということであった（ただし、労働条件については口頭で伝えられ、就業規則も示されなかった）。

　入社日は4月1日。初日はセレモニーと簡単な研修の後、前任者からの引き継ぎを受けた。2日目は専務の業務説明の後、課長の指示を受けながら業務を始めた。業務研修らしいものもなかったが、業務は滞らせなかった。また、残業も積極的にこなした。最初の給与支給日、残業手当の額に納得がいかなかったことから、課長に残業手当の額等について質問したところ「一人前になってから言うことだ。まったく生意気だ」と言われた。納得いかないので経理課に相談したところ、経理担当者から「支給されるだけましだ」と言われた。

　その後、人間関係に多少ギクシャクしたところはあったが、業務は滞りなく遂行していた。しかし、入社後3カ月たったころ、専務から1カ月後の解雇通告を受けた。解雇の理由は「当社の仕事に必要な能力がない。人間関係がうまく築けない」ということだった。業務上の問題点は見当たらず、納得ができないので「残業手当のことが理由ですか」と問いただしたが「違う。業務上のスキルだ」と言われた。

紛争当事者の主張

申請人X（労働者）

　解雇理由に納得がいかない。不当解雇と思われるので、精神的苦痛に対する補償と自分の経歴に解雇の記録が残ることで、今後の求職活動にも支障が出ると思われるため、慰謝料として50万円の要求を行う。

被申請人Y（事業主）

　解雇の決定については、社長以下会社幹部による会議で決定した。理由は、Xの業務は営業窓口であり、迅速な対応と協調性が求められるポストであるが、Xはわがままで協調性がないなど、まったく営業窓口としての適性がない。そのため、社内の評判も悪く、顧客からもクレームが出ている。金銭解決に応じるつもりはない。

あっせん内容

あっせん委員が当事者双方に個別面談し、主張を確認したが双方とも自らの主張に固執し続けたため、それぞれに以下の問題点を指摘し、譲歩を促した。

申請人X

中小企業においては、協調性がないことは本人の能力の有無にかかわらず、解雇理由になるという判例があるということ。

被申請人Y

解雇手続については、法律上の問題点は見受けられないが、労務管理上若干の問題があること。そもそも、このような紛争が生じたきっかけは、最初に賃金等の労働条件が書面で明示されていないことにあること。

あっせん委員は、再度双方に紛争解決の意思があるかどうかを確認するとともに、解決金について双方の譲歩を求めた。

結 果

「被申請人Yは申請人Xに対して、解決金として金20万円を支払う」との和解案に当事者双方とも納得し、合意文書が取り交わされた。

POINT

当事者双方が自らの正当性に固執し、合意が困難に思われたが、あっせん委員の説得で双方とも自らの問題点を認め、和解に応じる姿勢をみせ、解決金額についても双方が歩み寄り合意をみた。

事例 10 関連会社への出向命令の是非をめぐる助言・指導事例

普通解雇

申出の概要

申出人X（労働者）は、医療法人Yにおいて受付業務に従事していたが、来客者に対して不適切な対応を行ったことを理由に、YはXに対し、Xの同意を得ずに関連の清掃業を営む株式会社Aに転籍出向するように命じた。出向先は清掃業で、全く業種が異なり、労働条件も下がるので出向命令には同意できないため、出向命令を取り消すよう労働局長の助言・指導を求めた。

紛争の背景

1. 申出人Xは契約期限の定めのない正社員として採用され、病院の受付業務に従事していた。
2. Aでの勤務条件は、1年の契約期限の社員であり、賃金はYよりも低く、従事する勤務は病院の清掃であった。
3. Yの就業規則には出向に関する規定はなかった。
4. 医療法人設立から○○年経過している。

紛争当事者の主張

申出人X（労働者）

Yの理事が懇意にしている来所者に対する応対のことで理事から注意を受けたことがあるが、普段の仕事はきちんとやっている。Yから注意を受けたことはない。

Aに転籍だと言われたが、業種が今と全く違うし賃金も下がるので到底受け入れられない。

被申出人Y（事業主）

Xは、普段から接遇が悪く、また、医療の知識もないのにいろいろと医療のことで患者に話をしており、患者から苦情が寄せられていた。しかし、これまで注意したことはない。

直接出向を決意したのは、Xがある来所者に対して医師の判断を得るべき医療上のことを話したことによる。

就業規則には出向に関する規定はない。

これまで関連会社に出向させた者はいない。

病院の信用にもかかわるので解雇も考えたが、それもXに対してひどすぎると思い、出向させようと思った。

判断のPOINT

1. 就業規則に出向について明確な定めがあるか。
   就業規則には出向に関する定めは規定されていないこと。
2. 出向が通常の人事手段となっているか。
   就業規則に規定する必要がないほど出向はこれまでなされていないこと。
3. 業務上出向させる必要性があったか、または正当な動機・目的をもってなされたか。
   申出人Xの業務態度について悪評を聞いていながら、これまで事実関係を調査することも注意もしてこなかったこと。
   清掃業という受付業務とは全く業務内容が違う業務に就かせること。
4. 本人の同意を得ているか。
   本人の同意は得ていないこと。

助言・指導の内容

被申出人Yは、医療法人設立以来○○年経過するが、これまで出向させた実績はなく、また、出向に関して就業規則に規定はなく、かつ、本人の同意を得ていないことから当該出向命令は無効となるおそれがあるので、当該出向命令を取り消すこと。

結果

指導の結果、被申出人Yは申出人Xの出向命令を取り消し、Xは受付業務を続けることになった。また、Xは本件をきっかけとして非難を受けていることについて耳を傾け、自分の業務態度について改めることをYに約した。

【参考裁判例】

○　ＪＲ東海事件
（大阪地裁平成6年8月10日判決）
○　新日本製鐵事件
（福岡高裁平成12年2月16日判決）
○　相模ハム事件
（大阪地裁平成9年6月5日判決）
○　川崎製鉄事件
（大阪高裁平成12年7月27日判決）

事例 11 同業他社へ顧客を紹介したことを理由とする懲戒解雇に対し慰謝料を求めるあっせん事例

懲戒解雇

申請の概要

申請人X（労働者）は出版関連の編集プロダクションY（被申請人）で編集業務を行っていたが、入社して10年後、取締役から突然、顧客を同業他社へ紹介したことを理由に懲戒解雇を言い渡された。Xはそのような理由では懲戒解雇することはできないとして、懲戒解雇処分を受けたことに対する経済・精神的損害に対する慰謝料として、1年分の賃金の支払いおよび謝罪を求めあっせん申請を行ったもの。

紛争当事者の主張

申請人X（労働者）

取引先のA社が新しい雑誌を創刊することとなり、編集の能力がある労働者が必要であったが、当社には取引先の希望する労働者がいなかったため、やむを得ずA社の利益を優先するためにB社を紹介した。

社長はB社を紹介したことで当社に損害が生じたと言っているが、A社とは取引停止になっておらず、損害は発生していないはずである。

慰謝料の賃金1年分については特に根拠がなく、金額は一般的な相場であれば構わない。

また、今回の懲戒解雇処分は取締役の独断であると考えているが、社長からは何の説明もないため、謝罪を求めたい。

被申請人Y（事業主）

懲戒解雇の理由はいくつかあるのだが、まず、A社に同業他社を紹介したことである。A社の社長からB社を紹介されたと聞いたのだが、どんな理由があろうとも上司に無断で顧客にライバル企業を紹介することは許せない。このほか、Xは営業で外勤を行っているのだが、顧客に対する話し方がなっておらず、日報を提出しないこともあり、何をやっているかわからないときがあり、再三注意したが全く聞く耳を持たない。さらに、懲戒解雇を言い渡す1カ月ほど前から出勤していなかった。

このようにXの懲戒解雇には理由があるため、金銭補償をするつもりはない。しかし、退職事由を自主退職とするよう歩み寄ることはやぶさかではない。裁判したければすればいい。

あっせんの内容

あっせん委員は被申請人Yに対して、「申請人XがA社にB社を紹介したことをもって懲戒解雇としたことは解雇権の濫用に当たる可能性がある」と指摘したが、Yは「Xが職場放棄をしており出勤していない事実は懲戒処分に該当する」と主張した。

あっせん委員はさらに、「過去の出勤状況や勤務態度を加味して懲戒解雇を行ったと思うが、本来、懲戒解雇のハードルは高い。懲戒解雇処分で裁判になった場合、会社は懲戒解雇の有効性を立証することは困難である。裁判になると金銭負担も大きく、敗訴した場合にはさらに負担額が増えることとなる。あっせんは無料な制度であるため、ここで解決を考えてはどうか」と説明し、再考するよう伝えた。

Yが再度検討した結果、金銭補償に応じる意思表示を行ったため、Xにその旨を伝え、金額的な調整を行った結果、賃金の2カ月分で合意した。

結　果

被申請人Yが申請人Xに対して、賃金の2カ月相当額を支払うことおよび退職事由は会社都合とすることで紛争当事者双方の合意が成立した。また、これらを記載した合意文書の作成が行われた。

POINT

同業他社へ取引先を紹介したことをもって懲戒解雇を行うことは懲戒解雇権の濫用の可能性があり、懲戒解雇については、普通解雇以上に合理的な理由が必要となる。あっせんの途中で紛争当事者双方が譲歩し、金銭補償および会社都合の退職とすることで合意が成立した。

III 個別労働紛争解決事例

事例 12 懲戒解雇に対する会社の責任を追及したあっせん事例

懲戒解雇

申請の概要

申請人X（労働者）は期間契約社員としてY社（被申請人）に入社し、製造ラインで業務を行っていた。入社して3年後くらいから室長からのいじめ・嫌がらせが始まり、体調を崩してしまったため病院へ行ったところ、うつ病と診断された。

体調がすぐれない状態で業務を行っていたため、会社で製造している商品を不注意により破損させてしまい、始末書の提出を求められた。その後、商品を破損させたことを理由に部長から懲戒解雇を言い渡されたが、同様のミスは他の社員も行っており、納得できない。

精神疾患を発症したことに対する会社の責任、今後の生活保障として5カ月分の賃金を含めて130万円の支払いを求める。

紛争当事者の主張

申請人X（労働者）

室長からのいじめ・嫌がらせは入社3年後くらいから始まっており、目の敵にするような罵声を浴びせられ、仕事に対するプライドも自信も失った。体調を崩したため、心療内科へ行ったところうつ病と診断され、現在も月に数回通院しており、薬の服用でなんとか生活している。

商品を破損させたことについては自分の不注意もあり、申し訳ないと思っているが、1回破損させただけで始末書の提出を命じるのはおかしいと思う。同僚が破損させた場合は口頭注意だけで済ませているのに、私のときだけ対応が違い、ましてや懲戒解雇にするとは明らかに差別を受けている。

あっせん期日前に会社から連絡があったため会社へ行ったところ、部長から「懲戒解雇を撤回し、普通解雇とする」と通告され驚いた。あっせんの場で不利になると思って普通解雇に変更したのではないかと思う。ただし、懲戒解雇は撤回されたものの、もうすでに懲戒解雇されたとの噂が流されており、再就職に支障をきたすのではないかと心配である。

このような扱いを受けた会社であるため復職するつもりはなく就職活動を行っているが、体調がすぐれないために断られてばかりである。今後の生活保障も含めて補償金130万円の支払いを求めたい。

被申請人Y（事業主）

Xは入社当初から言動に問題があったため、室長から勤務態度を改めさせるよう指示

していたが、これをいわれのないいじめ・嫌がらせを受けたと主張している。室長は厳しく指導したと思われるが、その指導は許容範囲であったと考えており、うつ病を発症させる原因とは考えられない。また、製造ラインでは他の社員と協力して仕事をしなければならないのだが、Xには協調性もなく、会社の社員として働いている自覚が欠けている。

いったん懲戒解雇を行ったため、懲戒解雇のために失業給付の待期期間が長くなったことは申し訳ないと思うが、解雇予告手当20万円は支払い済みであり、Xの要求をこれ以上受け入れることはできない。ただし、賃金の1カ月分（20万円）までなら支払う余地はある。

あっせんの内容

申請人Xは解決金として90万円が限度である旨の主張であったため、あっせん委員は被申請人Yにこれを伝え、併せて、「会社は労働者の非行に対して指導し、姿勢を正させる努力をした上でなお、改められない場合に処分を行うべきでないか。今回の解雇処分は他の労働者とのバランスを欠くものではないか。Xは体調不良であり、就職活動を行える程度に回復するには一定期間が必要であることを考慮し、今後の生活保障費の支給ができないか」と説明し、歩み寄る余地がないか再考を促した。

Yは「あと70万円であれば追加で支払うことは可能であり、解雇予告手当20万円と合計すればXの請求額に達する。この金額で解決したいがどうか」と申出があったため、Xにこの内容を伝えたところ、申出を受託した。

結　果

被申請人Yが申請人Xに対し解決金70万円を支払うことおよび職務上知り得た秘密を口外しないことなどについて、合意が成立した。また、これらを記載した合意文書の作成が行われた。

POINT

あっせん委員が被申請人Yの対応について非がある部分を指摘し、金額面での歩み寄りを促した結果、Yが解決金の上積みを提案し、あっせんが成立した。また、双方が今後信用を害する行為をしない旨の合意も成立している。

事例 13　経歴詐称を理由とする懲戒解雇の是非をめぐる助言・指導事例

懲戒解雇

申出の概要

申出人X（労働者）は、コンピューターソフト開発を行う会社の営業職として3カ月間勤務していたが、内臓疾患で障害者認定を受けていることと履歴書の職歴に記載漏れが発覚し、経歴詐称として懲戒解雇された。しかし、障害を悪化させるような業務内容ではなく、また、障害が理由で仕事に支障が出たことはないことから、懲戒解雇を撤回するよう労働局長の助言・指導を求めた。

紛争の背景

1. 申出人Xは課長代理としてソフトメーカーと受注等に関して折衝を担当していた。
2. 勤務期間　3カ月
3. 所定労働時間　9時～17時30分
   所定休日　土、日、祝日
   残業　通常20時まで
   　　　繁忙期22時まで
4. 業務中の移動には公共機関を利用。活動場所は事務所。
5. Xは重度の内臓疾患で障害者認定を受けている。主治医からは、激しい運動以外は通常に生活できる旨を診断されていた。
6. 疾患にかかわり手術を受けていたことは入社時に提出した健康診断書に記載してあった。
7. 職歴については、履歴書に記載していないものがあった。
8. 会社は懲戒解雇決定に当たって就業規則に従い懲罰委員会を開催していた。

紛争当事者の主張

申出人X（労働者）

営業の仕事は、残業はあったが、移動は公共機関を利用することになっていたし、交渉は事務所で行うので、身体的に特にきついものではなく、体調を崩したこともなかった。

障害者の認定を受けていることは話したくなかった。

履歴書に記載していない会社があったが、履歴書に多数の会社が記載されていると採用に不利であると思って記載しなかった。この理由は、障害のことで会社があまりしつこく聞くので、会社には話していない。

障害者であることが会社に知られた後、仕事に支障がない旨の診断書を会社に提出したが、このことは懲罰委員会で考慮されなかった。

障害者であることを秘匿していたこと、履歴書に職歴のすべてを記載していないことは事実であるが、身体的に何も支障はなく、仕

事でミスをしたこともなく、会社には何も迷惑はかけていないので、懲戒解雇を取り消して職場に戻してもらいたい。

被申出人Y（事業主）

Xは、障害者の認定を受けていること、手術を数度受けていることを面接時に言わず、また、このことが発覚した後で履歴書に職歴のすべてを記載していないことがわかった。

健康状態は採用の重要な要素であり、ましてや、健康でなければ勤まらない営業職である場合、採用決定において、さらに重要である。

職歴を記載していないことについてXが何も理由を話さないのは、何かこの期間に大きな問題をかかえている可能性があるからではないか。職歴を重視するのは、新卒で著名な会社に就職している場合、安心感があるからである。

営業は身体的にも大変だし、顧客からの信頼が何より大切なので、嘘をつくような性格の者は会社には残しておけない。就業規則の「重要な経歴を偽り、その他不正な手段によって入社した者は懲戒解雇に処す」という規定を適用して懲戒解雇にしたことは間違っていない。

判断のPOINT

1. 障害者であること、手術を数度受けたことを申告せず、履歴書に職歴の一部を記載しなかったことが「重要な経歴詐称」とされるか。
   Xは、他の営業職の労働者と同条件で仕事をこなしており、身体上の問題が仕事に支障をもたらした事実がないこと。
2. 職歴により業務の遂行が左右されるような職務ではなく、仕事上取引先とトラブルを起こしたり、その他ミスが続く等の事実も認められないこと。

助言・指導の内容

申出人Xは、他の営業職の労働者と同条件で仕事をこなしており、身体上の問題が仕事に支障をもたらした事実がなく、また、仕事上取引先とトラブルを起こしたり、その他ミスが続く等の事実も認められないことから、被申出人Yにおいてその労働条件の体系を乱し、健全な企業運営を阻害されるなど、企業秩序に対し具体的な損害または侵害を及ぼした事実が認められないので、Xに対し行った懲戒解雇処分を取り消すこと。

結　果

指導を受けた被申出人Yは、申出人Xと話し合った結果、Xは他の就職先を見つけたため職場復帰せず、YはXに対して補償金を支払うことで和解した。

【参考裁判例】

○ スーパーバック事件
　　（東京地裁昭和55年2月15日判決）
○ まこと交通事件
　　（札幌地裁昭和61年5月23日判決）
○ 秋草学園事件
　　（浦和地裁平成11年1月21日判決）

事例 14　リストラによる解雇に対し退職金等の上乗せを求めたあっせん事例

整理解雇

申請の概要

申請人A（労働者）およびB（労働者）は、食品加工業を営む事業場に6年間、パートタイムの加工作業員として勤務していたが、業績の悪化を理由に30日前に予告を受けたのち、整理解雇された。復職を希望しているものではないが、長年働いていた会社を退職せざるを得なくなったことに対する経済的・精神的損害の補償として、退職金規程に定める退職金に加え、Aはさらに規程上の退職金100％相当額（88万円）の上乗せを、Bは3カ月分相当額（56万円）の上乗せを求め、あっせんの申請を行った。

紛争当事者の主張

申請人A、B（労働者）

退職金規程に基づく退職金が支払われるほか、慰労の意味も込め賃金1カ月分相当額（18～19万円）を支払う旨を会社から提案されているが、経済的にも大変苦しく納得できない。

会社は経費節減と言いながら実用性のない機械導入に多額の出費をしており、それらのしわ寄せをこうした形で労働者に押しつけるのは容認できない。当初、職場復帰を求めていたが会社側はこれを認めようとせず、和解金についても賃金1カ月分相当額以上は出せない旨を主張し譲ろうとしない。

退職金規程に定める退職金に加え、Aについては規程上の退職金100％相当額を、Bについては賃金3カ月分相当額を、それぞれ慰労金として支払ってほしい。

被申請人Y（事業主）

仕事量の減少による業績悪化のため人員削減はどうしても必要であり、申請人A、Bらを含む3人の加工作業員をやむを得ず解雇した。解雇対象者については、作業能率の評価・会社貢献度の低い者から順に選定を行った。

Aらには規程の退職金に加え、それぞれ賃金1カ月分相当額の和解金を支払うことを提案しているが応じようとしない。

今回の整理解雇については、顧問弁護士にも相談し慎重な検討を行ったうえで実施した。判例上の整理解雇4要件も承知しており、クリアしていると考えている。

本件については、当社としても早期の解決を図りたいと考えている。

あっせんの内容

あっせん期日において、あっせん委員が紛争当事者双方と個別に面談したところ、双方とも仕事量の激減による人員整理で解雇が行われたという事実については争うつもりはなく、和解金額についても一定の限度で譲歩する意向を示したことから、具体的な支払い額についての歩み寄りを促した。

なお、申請人AおよびBについては、解雇に至るまでの経緯、希望している和解金額の算定根拠等について若干事情が異なるものの、同時期に整理解雇の対象とされ、事業主との交渉、あっせんの申請等をともに行っていることもあり、申請人2人に対し同時に主張の確認を行った。

結　果

被申請人Yが、申請人A、Bに対して、退職金規程に定める退職金に、和解金として賃金3カ月分相当額（Aについては58万円、Bについては56万円）を上積みしたうえで、2カ月後までに支払うことで、双方の合意が成立した。

また、両者は、その旨を記載した合意文書を作成した。

POINT

紛争当事者双方とも、解雇を前提としたうえでの和解金支払いによる解決を図りたいという点では意向が一致しているものの、双方の主張する和解金額に大きな差があったもの。また申請人が2人で、2人が主張する金額にも差があったが、あっせんの場で申請人2人の金額にも配慮した形で合意が成立した。

| 事例15 | 配置転換拒否に伴う整理解雇で、慰謝料の支払いを求めたあっせん事例 | 整理解雇 |

申請の概要

申請人X（労働者）は製造業Y（被申請人）で30年間正社員として勤務していた。体調不良のため、病院へかかったところ、狭心症で手術が必要となり10日間入院することとなった。復職間際に社長と話したところ、「同じ部署の社員全員をA職からB職へと配置転換する」と言われ、やむを得ず配置転換に応じる旨を伝えた。しかし、総務課から「給料は下がる」との連絡があったため、専務に確認したところ、「そういうことだ。配置転換に応じられないのなら辞めてもらう」と言われた。このように退職をせまる行為は解雇ではないかと思う。復職は求めないが、経済的・精神的損害に対する補償金として300万円の支払いを求めたい。

紛争当事者の主張

申請人X（労働者）

会社の経営悪化に伴い、A職がなくなるため、B職に配置転換になる話は半年前から説明を受けていたが、詳細は知らされていなかった。入院中に社長から、同じ部署の社員全員をA職からB職に変えるという話が再度あったが、配置転換になったとしても、給料は変わらないと思っていた。職を失いたくないため、やむを得ずB職への配置転換に応じると社長に回答した。B職に配置転換になることについて、総務に確認したところ、「職務が変わるので、給料は下がります」と言われ、専務に確認したところ「配置転換に応じられないなら辞めてもらう」と言われた。

復職は求めないが、会社都合の解雇なので経済的・精神的損害に対する補償金の支払いを求める。

被申請人Y（事業主）

会社の経営が悪化しており、A職を廃止することとしたため、A職の社員を全てB職へと配置転換することとしていた。XはA職の仕事を行っていたため、A職の廃止に伴い、当然XにもB職へ配置転換してもらうことになった。B職はA職に比べ簡単な作業であり、就業規則の規定に従って給料は引下げざるを得ず、配置転換に応じてもらえないなら、退職してもらうほかない。

退職金は就業規則の規定どおり支払ったが、会社の経営は悪化しており、銀行の不渡りを出すかどうかというほどの状況である。このため、Xの請求するような金額は到底支

払えない。しかし、裁判になると会社の汚点になるため、なんとかこの場で話を収めたいと考えている。

あっせんの内容

申請人Xに賃金が下がるB職に異動するか、または退職するかを迫ることは、解雇と判断される可能性が高く、解雇の相当性が問題となり解雇無効と判断される可能性もある。Xは金銭解決を望んでおり、あっせん委員は被申請人Yに対し、金銭解決を図るために歩み寄りはできないかと打診した。

結　果

被申請人Yは解決金として80万円の支払いが限度であるが、一括払いでは会社の資金繰りが相当悪化してしまうので、分割払いでどうにか歩み寄りができないかとの主張であった。申請人Xはこれを受け、一括の支払いが望ましいが会社の状況もわかるため、少なくとも月々20万円ずつ、4分割の支払いが最低ラインであると譲歩し、Yもこれを受け入れた。月々の支払い方法、支払い日等の詳細を含めた形の合意文書を作成し、双方合意した。

POINT

当初は解決金の額に相当の隔たりがあったが、あっせん委員が被申請人Yの経営状況と申請人Xの要求を踏まえ、双方に対して説得し歩み寄りを促したところ、金額と支払い方法の面で合意が形成され、あっせんが成立した。

| 事例 16 | 経営悪化を理由とする解雇に対し和解金の支払いを求めたあっせん事例 | 整理解雇 |

申請の概要

申請人（A、B、Cの3人）は、被申請人Y株式会社（自動車部品製造業）に勤務し、製造作業に従事していたが、極端な受注減による経営悪化を理由に、11月22日に、同月28日付で法定の解雇予告手当の支払いとともに解雇を通告された。いったん解雇された以上、復職の意思はないものの、突然の解雇により経済的に大変苦しい状態であり、また、解雇の仕方についても納得がいかない点があるとして、賃金2カ月分相当額の和解金の支払いをY社に求め、あっせんを申請した。

紛争当事者の主張

申請人A、B、C（労働者）

経営悪化を理由に、突然、解雇通告された。いったん通告された以上、会社にとどまるつもりはないが、突然の解雇で経済的に大変苦しい状態に追い込まれており、また、①事前に何ら協議等がないまま一方的かつ突然解雇された、②派遣労働者、パート労働者に先んじて正社員である自分たちが解雇された、③ボーナス支払いの直前に解雇され当然受けられるべき金銭的利益が受けられなかったこと等、解雇の手続について納得できない点が多々ある。これを補償してもらうべく和解金として賃金2カ月分相当額の支払いを求めたが、拒否された。

被申請人Y（事業主）

利益率が低下している中で、今後において受注増も見込めにくいことから、11月中旬には、11月28日付での会社解散も視野に入れ、発注元に相談した。発注元からは解散を思いとどまるよう説得されたため、11月28日付けで5名を解雇することとして、会社解散は見送った。

このため、11月22日にA、B、Cを集め、11月28日付けの解雇予告を行った。

時間給ではあるが再雇用の話もしたが、応じる者はいなかった。

受注量の激減により業績が急激に悪化している。労働者を解雇しなければ、会社を解散せざるを得ないところまでひっ迫した状況の下で、やむを得ない措置であった。

解雇に当たって従業員の能力や協調性等を基準にし、あわせて、以前発注元に出向していた2人については再度出向してもらいたいと考え打診したが、賃金面で折り合いがつかず、やむなく解雇した。

解雇に際しては、法定の解雇予告手当、退職金規程に基づく退職金を合わせて1人当たり120万円から200万円を支払っている。業績回復の見込みも立っていない中、残った

従業員の賃金カットも決定したところである。Ａらの請求もわかるが、資金に余剰がなく、借り入れもできない状態で、請求に応えることは難しい。

Ａらの賃金２カ月分相当額上積みの根拠がわからないが、希望どおり支払うとなると合計180万円程度必要になってしまう。

会社として、支払えるものなら支払ってあげたいが、工場や設備も発注元のものを借用しての操業で売上げに頼る以外になく、その売上げも見込みがたっていないことや、残った従業員の賃金支払いのことを考えると支払うとの返事ができない。

あっせんの内容

申請人は複数（３名）であったが、あっせんを求める事項について同一内容であったことから、同日にあっせん期日を設定した上で、３名の申請人Ａ、Ｂ、Ｃおよび被申請人であるＹと個別に面談の上あっせんを実施した。あっせん委員が、「Ａらの主張するように解雇の方法に全く問題がないとはいえない。Ａらの主張する額面どおりとまではいかなくとも、可能な範囲において対応を行えないか」としてＹに対して和解金の支払いを促す一方、「あっせんは双方の譲歩により成立するもの。会社のひっ迫した状況をかんがみると当初の要求額に固執すべきではないのでは…」としてＡらに対しては金額についての譲歩を求めた。

結　果

被申請人Ｙが、「申請人３名に対し、合わせて75万円の範囲であれば支払いが可能である」旨を主張し、これを受け、申請人Ａ、Ｂ、Ｃも要求額を下限25万円とした上で賃金１カ月分相当額に引き下げた。

Ｙが支払限度とした75万円におさまるような配分をした上で「Ｙが、Ａらに対して（申請人１人当たり）支払い済みの解雇予告手当相当額の２分の１に相当する金額に一律５万円を加算した額を和解金として支払う」という解決案に紛争当事者全員が同意したことから、これを内容とするあっせん案を提示したところ、申請人３名全員を含め紛争当事者双方がこれを受諾し合意が成立した。

解雇された３名の申請人（Ａ、Ｂ、Ｃ）には、復職の意思はなく、賃金２カ月分相当額の金銭の支払いを求めているのに対し、被申請人Ｙは「Ａらに非はなく希望に沿いたいと思うが会社の経営が苦しく支払いはできない」旨を主張。Ｙが金銭の支払いに応じるか否か、および具体的な和解金の額が争点となった。

当初、紛争当事者双方とも自己の主張を繰り返すのみであったが、あっせん委員が間に入り、話し合いを促したところ、双方とも譲歩した和解金で合意した。

| 事例 17 | リストラを理由とする解雇予告の撤回を求めた あっせん事例 | 整理解雇 |

申請の概要

申請人X（労働者）は、木材加工業を行う事業場に、製材工として18年間勤務していたものであるが、11月19日、同社の代表取締役から経営不振による人員整理を理由に12月31日付けで解雇する旨の通告を受けた。これに対してXは、突然の解雇通告は判例上の要件を満たしておらず解雇権の濫用に当たる上、経済的に大変苦しいという事情もあり受け入れられないとして、予告期間中の11月26日、解雇予告の撤回を求めあっせんの申請を行った。

紛争当事者の主張

申請人X（労働者）

経営不振を理由に突然解雇予告をされたが、妻が重病のため入院費用等が必要であり、今解雇されるのは死活問題である。

今回の整理解雇自体、①希望退職の募集等の措置を講ずることなく安易に解雇という手段をとっていること、②従業員には、高齢で定年を超えている者も数人おり解雇対象者の選定について合理的基準に基づいているとは思えない等到底納得できるものではない。

解雇予告の撤回を求めるが、費用等の面から裁判までは考えておらず、あっせんでの解決を望む。

被申請人Y（事業主）

会社は、資本金4000万円で製材業および住宅建築をしている。労働者数も数年前に40人くらいいたのが現在では30人になっている。会社の現状は、大変苦しい状況に置かれており、5期連続赤字を計上している。深刻な経営不振であり年商が3割近く落ち込んでいる。

人員整理を行わないと会社存続が危ぶまれる状況であり解雇はやむを得ない措置である。解雇に先だって労働者への事前の説明・協議等は行っていない。また、希望退職の募集等の措置も講じていない。整理解雇に関する判例上の考え方については知らなかった。

経費をできるだけ切り詰めて、これまで人員整理をせず、定年による自然減で何とかしのいできたが、会社の存続も危ぶまれる状態に追い込まれ人員整理に踏み切ることにした。

赤字続きなので、指名解雇するに当たって優遇措置らしきものは何もできなかった。年末までの解雇予告期間中は就職活動などのため出勤しなくても賃金の支払いをする約束をしただけである。

15名いる製材部門から、Xら2人を整理解雇の対象とした。他の部門とは仕事の内容が全く違うので、配置転換を考慮する余地は全くなかった。

Xは仕事はまじめにやるが、欠勤が多い。協調性がなく、同僚とは一切会話もせず、従業員の休憩所へも出入りしない。とにかく問題の多い人で、リストラを考えるときには一番最初に候補になるのはしかたがないことである。会社の定年は60歳であるが、会社に必要な人は退職金を支払って以後も嘱託として勤務してもらっている。

Xからは「家内が8月から入院しているし、自分も心臓が悪いから解雇を思いとどまってほしい」との要望はあったが、断った。

解雇予告を撤回したわけではないが、年が明けて1月に入ってからもXが出勤してくるので、このあっせんを終えるまでは、出勤停止等の措置を講じずに従前のとおり就労させることにした。なお、本件については、Xの意向にもよるが、費用等の面から裁判までは考えておらず、あっせんでの解決を望んでいる。

あっせんの内容

あっせん期日の開催に先だち、紛争当事者双方からの事情聴取を通じ①申請人Xが解雇予告の撤回を強く希望していること、②人員整理を行うに当たって、従業員に対する事前説明・協議、希望退職の勧奨等解雇を回避するための措置等が何ら講じられておらず被申請人の解雇手続に不備があること等の事実関係を把握した。

その上で、あっせん期日においては、あっせん委員が、解雇予告の撤回および撤回が行われた場合のXの労働条件につき紛争当事者双方の主張の調整を図ることにより、歩み寄りを図った。

あっせん委員は、双方の主張を踏まえ、再度被申請人Yと個別の面談の上、「当該解雇は整理解雇に当たると解されるが、その場合過去の裁判例では、いわゆる4要件の手順を踏んでいない解雇は、過去の判例の考え方からは無効とされる可能性が高い」ことを教示の上で、解決に当たっての具体的な条件を確認したところ、Yより「メインバンクから融資限度額の引下げを受ける等経営環境は厳しく、ことに人件費が負担となっている状況なので、雇用を継続するのであれば、現在の基本給（25万円）を10％程度減額したい。その他の労働条件は従前のとおりとする」旨の申出がなされ、Xもこれに同意した。

XおよびYを同席させた上、双方に対し、「①Yは、昨年11月19日申請人に対して行った解雇予告を撤回する、②本年1月以降Xの基本給を22万5000円とし、その他の労働条件は従前のとおりとする、③紛争当事者双

方は相手方の名誉、信用を傷つけるような言動はしない」とする解決策の提案が行われた。

結　果

被申請人Yが申請人Xに対して行った解雇予告を撤回する一方、Xは、1カ月当たりの基本給を25万円から22万5000円に減額する（その他の労働条件は従前どおり）ことを了承することで紛争当事者間の合意が成立し、その旨を記載した合意文書の作成が行われた。

【参考】

－整理解雇の4要件（要素）－
1．企業経営上の理由による人員削減の必要性があるか。
2．解雇回避の努力を行ったか。
3．解雇者の選定基準とこれに基づく選定は合理的か。
4．労働者、労働組合と十分説明や協議を行ったか。

（参考判例）

○　東洋酸素事件
　（東京高裁昭和54年10月29日判決）

POINT

申請人Xは経済的な事情等から解雇により職を失うのを避けたい旨を強く主張し、被申請人Yが解雇予告の撤回を行うか否かが争点となった。
　双方が相手の事情を理解し、歩み寄りをみせ、労働条件を一部引き下げた上で継続雇用することで合意した。

III 個別労働紛争解決事例

事例18　有期労働契約の期間途中の解雇をめぐる助言・指導事例

整理解雇

申出の概要

申出人Xら（労働者3人）は、被申出人Y社と4月1日から翌年3月31日までの有期労働契約を締結しており、今まで2回契約更新が行われた。しかし、契約期間途中に書面による解雇通知があった。解雇理由は書面に書かれていなかったが、赤字部門の閉鎖により、事業を縮小するためと言われた。本来であれば契約期間満了まで就労できたはずであるため、契約期間満了までの賃金補償を求めたい。

紛争当事者の主張

申出人Xら（労働者）

書面による解雇通知を受けたのが9月20日であり、解雇日は10月31日と記載されていた。契約期間は5カ月残っており、事業場の都合により解雇となった。契約期間中は雇用されるものと思うことが当然であり、会社の寮に住んでいるため、住居を急に失うことになり、みんな移転先を探さなければならない。突然の解雇通知であり、次の仕事も住居も見つからず、社長からは解雇後の1週間は寮への滞在を認めるが、それが限度であり、すぐに引っ越すようにと言われた。

社長に他の従業員は就労しているのに自分たちだけ整理解雇ということは不当だと伝えたが、「解雇は変わらない。違約金も支払わない」と言われた。解雇日が到来してしまうため、今後の補償をどのようにしてくれるのか話し合いの機会を求めたが応じてもらえず埒が明かない。契約期間満了までの5カ月分の賃金を全額補償してほしい。

被申出人Y（事業主）

長年赤字が続いていたので、Xらが所属している部署を廃止し、事業縮小することとなった。部署の従業員については配置転換するなど雇用の維持に努めたが、全員を雇用し続けることは難しく、Xらが整理解雇の候補に挙がりやむを得ず解雇通知を行った。今後は顧問弁護士とも相談して話を進めて行きたい。

助言・指導の内容

　契約期間途中の解雇は、通常の解雇権濫用法理（労働契約法第16条）に加え、有期雇用者の場合は、労働契約法第17条でやむを得ない事由がある場合でなければ解雇できないこととされており、通常の解雇以上にハードルが高いものである。申出人Xらは解雇になったことにより、仕事だけでなく住居も失うこととなり、引っ越し費用なども必要となる。Xらは最大で5カ月分の金銭補償を求めている。労使で十分に話し合い、円満に解決してほしい。

結　果

　話し合いの場を設け、双方に歩み寄りを求めたところ、契約期間満了までの5カ月分の賃金の60％を支払うことで最終的に合意した。また、12月末まで寮への滞在を認めることとなり、円満に解決した。

【参考条文】

労働契約法第16条
　解雇は、客観的に合理的な理由を欠き、社会通念上相当であると認められない場合は、その権利を濫用したものとして、無効とする。

労働契約法第17条
1．使用者は、期間の定めのある労働契約について、やむを得ない事由がある場合でなければ、その契約期間が満了するまでの間において、労働者を解雇することができない。
2．使用者は、期間の定めのある労働契約について、その労働契約により労働者を使用する目的に照らして、必要以上に短い期間を定めることにより、その労働契約を反復して更新することのないよう配慮しなければならない。

POINT

　有期契約労働者の期間途中の解雇は通常の解雇以上に難しい点を指摘したうえで、被申出人Yに申出人Xらと話し合いの場を設けることを助言したところ、双方が歩み寄りをして賃金と住居面での合意が得られた。

| 事例 19 | 現場責任者からの嫌がらせをめぐる助言・指導事例 | いじめ・嫌がらせ |

| 申出の概要 | Ｙ株式会社に勤務し、同社が○○株式会社から受託した宿泊施設の管理業務に従事する申出人Ｘ（労働者）は、当該施設の現場責任者と衝突したことをきっかけに、同人から職場内での村八分、暴言等のいじめ・嫌がらせを頻繁に受けるようになり、この改善を求め、労働局長の助言・指導を申し出た。 |

紛争当事者の主張

申出人Ｘ（労働者）

仕事のやり方をめぐって現場責任者と衝突したことをきっかけに、同人よりいじめを受けるようになった。よそよそしい態度で口をきいてくれなくなり、全ての従業員に知らせるべき事項も、自分だけ伝えてくれなくなった。

また、仕事の分担も、今まで自分に任されていた仕事が他の従業員に回されるようになった。その他、作業中に手を叩かれたり、足を蹴られたりしたこともある。さらにはプライバシーに関わる事項を他の従業員がいる前で公言されたりもした。現在のいじめ・嫌がらせに耐えかねて退職した従業員も多数いる。

自分も我慢の限界に達しているが、契約期間はあと３カ月を残しており、この時点で退職するつもりはない。残りの期間、気持ち良く仕事ができるよう、会社に対して就業環境の速やかな改善を求めたい。

被申出人Ｙ（事業主）

現場責任者と従業員との間にトラブルがあったことは本社として把握していなかった。当該施設が遠方のため、苦情実態の把握が不十分で、本社の相談窓口としての対応が足りなかったのかもしれない。現場責任者本人から聴取した限りでは、トラブルの原因として、休日出勤や早朝出勤のシフトのバランスが悪く、従業員の中には作業時間の減少・給料の減少となった者もいたこと、また、従業員の中には協調性に欠ける者もおり、現場責任者が多少強めの指示をすることがあったようだが、それをいじめと受け取られた面もあるかもしれない。

判断のPOINT

事業主が管理業務を受託している遠方の施設での労務管理が適切に行われていたか。

○ 遠方にある施設のため、労務管理等が現場責任者任せになっており、個々の社員の勤務体制に問題があった。

○ 社内には社員の苦情処理機関を設置していなかった。

事案の整理

申出人Xに退職の意思がなく、残余雇用期間（3カ月）継続就業するための環境改善を求めていることから、即効性の期待できる口頭による助言・指導を被申出人Yに対し行うこととする。

その際、自主的解決に当たって、施設管理業務の発注者である○○株式会社の協力を得て行うことについても助言することとする。

助言・指導の内容

被申出人Yに対し、「申出の事実があるならば、即刻改善すること」を口頭により助言・指導した。

結　果

被申出人Yより、調査内容と改善策を記した報告書を受領。改善状況を申出人Xに確認したところ、「労働局長の助言・指導に一定の効果が見られ、継続就労が可能となって感謝している」とのことであった。

【参考裁判例】

○ 西谷商事事件
　（東京地裁平成11年11月12日決定、労判781-72）

事例 20 現場でいじめがひどく、いじめをやめることを求めた助言・指導事例

いじめ・嫌がらせ

申出の概要

申出人X（労働者）は、スーパーの品出しおよびレジ打ち係として勤務していた。品出しの責任者と衝突したことをきっかけに、同人からいじめを受けている。さらには同僚の従業員もこの責任者に逆らえず、同様にXに対して集団でいじめを行っている。店長に改善を申し出たが、何もしてくれない。就業環境の改善を求めて、労働局長の助言・指導を申し出た。

紛争当事者の主張

申出人X（労働者）

入社して半年であるが、先月に仕事のやり方を巡り品出しの責任者と衝突したことをきっかけに、同人よりいじめを受けるようになった。すべての従業員に伝達するべき事項も、自分だけ教えてくれなくなったり、仕事のシフト勤務も自分だけ外されたり、深夜帯に限定されたりしている。時には「まだここで働いていく気があるのか。いい根性しているな」等といった精神的な暴言を浴びるようになった。

さらには、同僚も品出しの責任者には逆らえず、「おまえがのろまだから、職場みんなに迷惑がかかっている」等集団で誹謗中傷されている。職場内で孤立してしまい、仕事をするのが嫌になってきた。店長に相談しても「忙しいので後で」と言われ、何もしてくれない。会社はチェーン店が複数あるスーパーであり、労務管理を行っているのは、本社（東京）である。会社に対して就業環境を改善するように助言してほしい。

被申出人Y（事業主）

当社は全国展開するスーパーであり、社内におけるいじめ等のトラブルが発生した場合、通常は本社の総務課に設置している「苦情相談窓口」に情報が寄せられ、社内で対応を検討しているところである。

しかし、今回はこのようなトラブルが発生したこと自体を把握していなかった。情報が上がってこなかった原因としては、Xは入社して間もないため、「苦情相談窓口」の存在自体を知らない可能性や、現場の責任者を含めたトラブルだったことが考えられる。

助言・指導の内容

　被申出人Yへ電話し、申出人Xの申出内容を説明し「申出の内容が事実であるか確認し、事実であれば、即刻改善すること」を口頭により助言・指導した。Yは指導を受け、「直ちに当該店舗に連絡して、現場関係者から事情を聴き、Xとも話し合い協議をする。結果については後日報告する」と回答した。

結　果

　助言・指導の1週間後に被申出人Yより電話があり、「現場関係者から事情を聞き、品出し責任者や同僚からは暴言等の不適切な発言があったために謝罪をさせ、この責任者は別の者に変更した。申出人Xも誤解が解けてすっきりしたようであった。Xには、今後何かあったら、本社総務課へ直接相談するように話をした。今日現在、Xは職場に戻り、元気に働いている」と電話連絡があった。

　改善状況をXに確認したところ、「労働局長の助言・指導の結果、いじめが無くなり、継続就労が可能となった。今は職場の雰囲気も明るくなり、感謝している」とのことであった。

POINT

　被申出人Yは、社内のトラブル対応のための相談窓口として、本社総務課に「苦情相談窓口」を設置していたが、今回のトラブルが情報として上がらず、適切に機能していなかった。労働局長による助言・指導により、トラブルは解決し、今後は同様のことが起きないよう、社内環境の改善が行われた。

事例 21　嫌がらせに耐えかねての退職を「会社都合」として扱うよう求めたあっせん事例

いじめ・嫌がらせ

申請の概要

申請人X（労働者）は、被申請人Y社○○支店に勤務していたが、支店長から「辞めてしまえ」などの暴言を受ける等の度重なる退職勧奨、嫌がらせを受けた。本社の労務管理部や労働組合にも相談したが取り合ってもらえず、やむなく退職した。Yは、自己都合退職であるので、就業規則上の規定により退職金を支給しない旨を主張しているが、上司からの暴言や嫌がらせに耐えかねての退職であるので、会社都合として取り扱った上で退職金を支払ってほしいとして、あっせんの申請を行った。

紛争当事者の主張

申請人X（労働者）

自己都合により退職したのではなく、勤務先の上司である△△支店長の度重なる退職勧奨、嫌がらせに耐えかね、やむなく退職したものである。

△△支店長からの指示内容について、本社にその処理方法を相談したことをきっかけに、いろいろな嫌がらせが始まった。身に覚えのないことを自分の責任にされたり、いわれのない暴言、言いがかりを受けるようになった。何かあると、「辞めろ」とか「帰れ」と言われ、退職届を書くよう強要されたこともある。

本社の総務部長にも相談したが、「その場にいないのでわからない」とか「こっちに相談されても困る」と言われ、取り合ってもらえなかった。

××年××月××日、始業時刻前に、△△支店長から「辞めてしまえ」と言われたため、そのまま帰宅し、後日退職願を提出した。文面は、「度重なる△△支店長からの退職勧奨により退職申し上げます」とした。

会社側は、申請者の退職理由を「自己都合」として扱い、退職金を不支給としたが、嫌がらせに耐えかねての退職であるから、退職金規程に基づく退職金を支払ってほしい。

被申請人Y（事業主）

Xが主張するような嫌がらせ等の事実は一切ない。

Xは自分の考えで動くタイプで、上司からの指示を嫌う。仕事のやり方がおかしいと注意すると、いじめ、暴言ととる。今回も上司からの業務上必要な指示を、いじめや脅しととって過剰に反応しているものである。

会社側から退職勧奨も一切行っていない。

一番の繁忙期に何の相談もなく退職され会社も大変迷惑している。自己都合退職なのだから、退職金規程による退職金は支払えない。

あっせんの内容

あっせん期日において、あっせん委員が紛争当事者双方と個別に面談し、事実関係の確認および意向の聴取を行ったところ、申請人Xが、「退職は、あくまで職場における嫌がらせ、退職勧奨によるものであり、自分の意思に基づくものではない」旨を主張したのに対し、被申請人は、嫌がらせ、退職勧奨の事実は一切なく、退職金は支給できないとの姿勢を崩さなかった。

そこで、あっせん委員は、双方に、それぞれの主張に以下の問題点があることを指摘した上で、それぞれに、歩み寄りを促した。被申請人Yに対し、嫌がらせや退職勧奨の有無の件についてはこれ以上検証してみても平行線であること、YとしてもXの主張を否定する決定的な根拠を有しているわけではなく、このまま紛争を引きずっていくのはYにとって得策ではないということを指摘した上で、退職金の代わりに同額の解決金を支払うことで紛争に終止符を打ってはどうか提案した。

次に、Xに対し、Yが否認している以上、嫌がらせ、退職勧奨を立証するのは困難であり、退職理由は自己都合として、退職金と同額の解決金を受け取ることで和解できないか打診した。

結　果

被申請人Yが、申請人Xに、和解金として退職金相当額（賃金2カ月分相当額40万円）を支払うことで、紛争当事者双方が合意した。また、その旨を記載した合意文書の作成が行われた。

【参考裁判例】

○　関西電力事件
（最高裁平成7年9月5日判決、労判680-28）

POINT

申請人Xが主張するような退職勧奨、嫌がらせの事実があったか否かについて双方の主張に大きな隔たりがあったが、あっせん委員の双方の主張に含まれる問題点の指摘を契機に、和解金での解決に向けて双方の歩み寄りが進み、合意が成立した。

III 個別労働紛争解決事例

事例 22 嫌がらせを放置したことに対しての謝罪要求をめぐるあっせん事例 ― 事業主からの申請 ―

いじめ・嫌がらせ

申請の概要

被申請人X（労働者）より職場内でのいじめ・嫌がらせを放置したことに対しての謝罪を求められたが、事業所内での事実確認でもそのような事実は確認されず、話し合いの場を何度か設けたものの平行線のまま終わったことから、紛争解決を図るべく、申請人Y（事業主）があっせんを申請した。

紛争当事者の主張

申請人Y（事業主）

Xに対して行ったいじめ・嫌がらせについて、加害者とされている当人および周囲の従業員から事情聴取したが、いじめ・嫌がらせの事実は確認できなかった。そうした事実があれば当然謝罪も補償も行うが、全く根拠がないのに応ずることはできない。

話し合いの場を設けても、Xの話はころころ変わり、平行線のままである。このままではいつまでたってもこの話は終わらない。

当事者間では解決が不可能であるので、紛争調整委員会のあっせんに委ねたい。

被申請人X（労働者）

職場の同僚から、体型についての侮蔑的発言を受けたり、家庭生活についての噂を職場内に流布するなどの度重なる嫌がらせを受けた。このことについて営業所長および本社でも対策がとられなかった。こうした嫌がらせが原因で心身のバランスを崩し就業が困難となり、現在休職中である。

加害者である同僚のZに対して謝罪を求めたい。

さらに、苦情を申し立てたにもかかわらず職場内でのいじめ・嫌がらせを放置し続けたYに対しては、慰謝料を請求したい。

また、会社を退職することを考えているが、嫌がらせに耐えかねての退職であるので、自己都合ではなく、会社都合の退職としてもらいたい。

あっせんの内容

被申請人Xは当初、加害者からの謝罪等を求めていたが、あっせん委員から、事実認識が相反する状況において、謝罪や退職理由を会社都合とすることを求める方向での解決は困難である旨を話し、和解金による解決の方向を示唆したところ、Xも金銭による解決の意向を示した。

これを受けて、あっせん委員が申請人Yの説得に努めたところ、Yも紛争の早期解決の観点からこれに応ずる意向を示したことから、あっせん委員が両者の歩み寄りを促す和解案として、1カ月分の賃金額25万円を提示し、両者の合意をみた。

結　果

和解金として申請人Yが被申請人Xに25万円を支払うことで合意した。また、この旨を記載した合意文書の作成が行われた。

【参考裁判例】

○　西谷商事事件
（東京地裁平成11年11月12日決定、労判781-72）

POINT

いじめ・嫌がらせの存在そのものについて当事者間に争いがあり、また、あっせんの当初まで両者が感情的に対立していた事案。あっせんの途中から双方とも冷静さを取り戻し、お互いに譲歩した和解金額で合意した。

| | III 個別労働紛争解決事例 |

事例 23 いじめ・嫌がらせを受けたことにより、退職を余儀なくされたことに対して慰謝料を要求したあっせん事例 （いじめ・嫌がらせ）

申請の概要

申請人X（労働者）は、社会福祉法人Yの老人ホームで働いていたところ、同僚から呼び出され、「あなたはのろまだし、ミスが多い。もう辞めたら。これから無視するから」等と言われた。

その後、Xは同僚から集団で無視され、周囲に相談することもできず、仕事を何も与えられないなど、仕事ができなくなるように追い込まれた。Xは何とかしてほしいと上司に相談したが、上手く話がいかず、結局、Xは退職を余儀なくされた。

この時のいじめがトラウマとなり、Xは、今でもうつ病に悩まされており、病院通いを続けている状況である。そのため、経済的な補償を求めてあっせん申請に至った。

紛争当事者の主張

申請人X（労働者）

半年前の5月に社会福祉法人Yに入社したが、今年11月末に退職した。退職に追い込まれたのは、10月の初め頃、同僚のAとケンカをして、Aの態度が突然、変わってしまったことが大きな要因である。

Aとは年齢も近く、職場の先輩としてトラブルなくやってきた。ところが、7月にAへの連絡ミスが原因で、契約者へのお宅にお迎えに行けない事態が発生した。

その後、勤務終了後にAに呼び出されると、Aの他にも同僚がいて「あんたは新入りなのに、挨拶もろくにできてない。ちゃんと仕事する気があるのか。今日のミスもたるんでいるからだ。全員に土下座して謝れ。もしできないなら、これから徹底的に無視するから」等と集団でいじめられ、精神的に追い詰められた。

翌日、同僚から集団でいじめられたことを施設長に話したが、「時間外のことまでは、関与できない」と言って取り合ってくれなかった。その後何日間か出勤したが、誰も口を聞いてくれないし、仕事も与えられなかった。職場にいるだけで苦痛になり、とても出勤できる状態ではなくなった。その後、法人の本部の人事担当者に電話して相談したが、「各施設のことは、施設長の管理を通してください」と冷たい対応をされた。

結局、残っている有給休暇を消化して、

11月末をもって退職せざるを得なくなった。現在もその時の同僚たちの言動が原因で、うつ病の治療を受けている。当分働けないと認識しており、それに対する損害賠償として200万円の補償を求めたい。

施設長や会社の上の人に相談を聞いてもらいたかった。そうであればうつ病にはならなかったと思う。「今後、同じような人がでないようにする」と約束してくれたら、金額は話し合いに応じる。

被申請人Y（事業主）

当法人では、各施設の管理は施設長に任せている。今回も施設長としては、勤務シフトの組み方など、XやAとも逐一、ヒアリングを行いながら、本人達の希望を尊重してシフトを組んできているし、他の労働者にもヒアリングを行ってきた。

Xからいじめの相談を受けていたか、施設長に確認したが、そのような事実はなかったとのことであり、今回の退職については、本人の一身上の都合によるものとしか聞いていなかった。

しかし、今回の件について、いじめの問題が把握できずに、本人が退職に追い込まれたと感じていることについては、当法人として配慮が足りない面もあったと思うので、責任が全くないとは考えていない。補償金を支払いたい。

あっせんの内容

「仕事外し」は職場内で無為の時間を強要し、それ自体が著しい精神的苦痛を与えるものであるため、違法性が高く、就業環境をより良く整備することは事業主の責務であることを被申請人Yに説明した。

あっせん委員が両当事者の主張を交互に聴き、解決金を確認したところ、双方が譲歩し、和解金20万円を支払うことで、紛争当事者双方が合意した。また今後、お互いが気持ちよく生活できるように「将来にわたり、互いに相手を誹謗中傷しないこと」の文章を入れ、当事者双方ともが納得し、合意文書が取り交わされた。

POINT

会社がいじめ問題の解決に取り組まなかったため、労働者が退職に追い込まれた事案である。あっせん委員から、会社の問題点を指摘したところ、和解金を支払うことで双方が合意に至った。

事例 24 解雇自体は争わず慰謝料を要求したあっせん事例

いじめ・嫌がらせ

申請の概要

申請人である労働者Xは、被申請人Y学校法人に講師として勤務していたが2年間にわたり学校長から、不当ないじめ・嫌がらせを受けた上、解雇された。

Xは、この結果に納得がいかず、Yに対し、契約の継続を訴えたが、拒否されたため紛争に発展し、不満に思った労働者があっせんを申請した。

紛争の背景

申請人Xは、平成7年にYデザイン専門学校の講師として採用された。採用当時の校長は、自分の大学時代の先輩であったAであり、彼とはうまくいっていたが、勤務して5年目の平成12年6月に校長がBに代わってから、校長によるいじめ・嫌がらせが始まった。新校長は、日ごろから職員への暴言を吐いたり、暴力をふるうなどしていたため、最年長であったXは、校長のBをたしなめた。すると、今度は、Xの排除を目的とするような以下のいじめ・嫌がらせが執拗に繰り返された上、平成14年9月末日で解雇された。

いじめ・嫌がらせの内容は、
① Xを一般の職員室から、倉庫を改造した個室に移動させた
② パソコンを職員全員に配布したにもかかわらずXには配布しなかった
③ 職員会議への出席を禁じた
④ 他の職員にXと接触することを禁じた
など。

紛争当事者の主張

申請人X（労働者）

もう復職の意思はないが、解雇はいじめ・嫌がらせによるもので、Yデザイン専門学校に対し、謝罪文の提示と精神的苦痛に対する補償として60万円の要求を行う。

被申請人Y（事業主）

Xの執務室を職員室から倉庫に移したことは認めるが、劣悪なものではなく、業務に支障もない。

Xは、遅刻が多く、他の職員に示しがつかないことや越権的な行為が目立つことなどを理由に解雇したものであり、いじめの事実はない。補償に応じる気は全くない。

あっせんの内容

あっせん委員が当事者双方に個別面談し、事情聴取を行ったが、双方の主張に隔たりが大きく、事実確認が困難であったことから、会社の同僚等を参考人として招集し、当該いじめ・嫌がらせの事実確認を行ったところ、申請人Xに対する校長のいじめや、校長が自ら他の職員にXを排除するよう示唆したことが確認された。

その結果を受け、Xに対しては、両者の主張に大きな乖離があると裁判になった場合、要求額全額がそのまま認められるとは限らないことを伝えるとともに、被申請人Y学校に対しては、解雇理由は認められないこと、また、Xは解雇自体については争わず、補償の問題に絞った要求をしていることを伝えた。

これに対し、Yは、謝罪文には応じるものの、慰謝料の支払いには応じる意思がなく、和解金としてならば15万円を支払うことを申し出た。

あっせん委員がXにその旨を伝えたところ、Y側の申出額では、到底和解に応じることはできないということだった。

さらに、あっせん委員は、Yに対し、再度の和解金の提示を求めたところ、Yは、謝罪文の提出および和解金45万円の支払いを申し出た。

結　果

「被申請人Y学校が申請人Xに対し、謝罪文を提出し、和解金45万円を支払う」ことで当事者双方とも納得し、合意文書が取り交わされた。

POINT

当事者双方がそれぞれ全く異なる正当性を主張したため、合意が困難に思われたが、会社同僚からの情報を踏まえ、解雇自体にはこだわらないとする申請人Xの譲歩に対し、被申請人Yが謝罪文の提出と和解金からなる譲歩を申し出、合意が成立した。

| 事例 25 | 配置転換の撤回と嫌がらせの有無をめぐるあっせん事例 | いじめ・嫌がらせ |

| 申請の概要 | 申請人Ｘ（労働者）は、電気機器販売業を行う株式会社のＡ営業所（Ｂ県所在）において営業事務員として勤務していたが、９月○日に同社取締役から10月１日付けで本社（Ｃ県所在）転勤の内示を受けた。①遠方の本社への転勤はできないことから転勤の内示を撤回してほしい、②入社して以降４年半の勤務期間中に社内で度重なる嫌がらせを受けてきたので今後社内で同様の嫌がらせが起きないよう会社の指導を徹底してほしい、という２点についてあっせんの申請を行った。 |

紛争当事者の主張内容

申請人Ｘ（労働者）

９月○日に本社への転勤の打診を受け断ったにもかかわらず、10月１日付けの本社転勤の内示を１週間前に受けた。もともとＢ県で働くことを希望して入社したものであり今後も現在のＡ営業所で働くことを希望する。転勤については内示を受けたその場でも断ったが、現在まで明確な回答を得られていない。

また、入社して以降４年半の勤務期間中に社内で度重なる嫌がらせを受けた。そのひとつは、半年ほど前、社内で「Ｘを怒らせると金属バットで殴られるから気をつけろ」といった変な噂が流されたものである。これは、現在Ａ営業所のマネージャーである私の上司が、面白半分で流した根も葉もない冗談だということが後日わかった。それ以外にも、マネージャーからはことあるごとに業務上の注意と称して、ひどい罵声や暴言を受けた。他の従業員との接し方と比べてみても明らかに意図的に私のことを差別的にいじめているのは明確であり、今後社内で同様の問題が発生しないよう会社に社員に対する指導を徹底してもらいたい。

被申請人Ｙ（事業主）

Ｘの勤務するＡ営業所は近年業績が悪化しており人員削減が必要となっている。

Ｘは、能力的問題から外回りの業務を任すことができず結果として今回のＡ営業所の人員削減の対象となった。転勤を拒否するということであれば懲戒処分として解雇せざるを得ない。

嫌がらせについては、調査を行ったが、そのような事実は確認できなかった。

あっせんの内容

あっせん委員は、紛争当事者双方を対面させた上で、双方の主張の調整を行った。

あっせん委員はまず、「申請人Xの雇入通知書によると、勤務地については就業規則に従うとされているが、就業規則に基づく転勤命令には正当な理由がないと拒否できない。転勤の内示を断った場合は自己都合退職をするのか場合によっては懲戒解雇となることがある」とXに説明。

また、あっせん委員から個別に被申請人Y側の対応を確認したところ、「Xがあくまでも転勤を拒否するということであれば懲戒処分を行うことになるができる限り処分は行いたくない。ただし、Xはあくまでも自己都合退職であり、会社都合の退職扱いはできない」と回答があった。

あっせん委員からXに意向を確認したところ、「私は、会社を退職するつもりである。ただし、いじめに関しては事実関係を調査して適切に対応してほしい」と申し立てた。

あっせん委員から紛争当事者双方に対し、「嫌がらせに関しては再度事実関係を調査し、その結果について申請人に通知する」ということで和解する方向で話し合うよう勧めたところ、双方が受け入れを表明した。

Xは「本社転勤の内示がされた11月1日の前日である10月31日付けで退職願を提出する」と会社側に約束した。

Y側は「退職の扱いは、自己都合退職の扱いとするが、嫌がらせの問題についてはさらに事実確認を行い、結果等について申請人に十分説明を行う」と約束した。

結　果

会社は、申請人Xは10月31日をもって自己都合退職扱いとするが、職場における嫌がらせに関し再度事実関係の調査を十分に行い、その結果をXに報告することで紛争当事者の合意が成立した。

POINT

まず、配置転換については、申請人Xが求めるとおり、被申請人Yが一度行った転勤の内示についてこれを取り消すか否かが、次いで転勤の内示が取り消されない場合の申請人に配慮した円満な退職手続が争点となり、あっせん中の申請人Xの譲歩（退職）により、双方の合意をみた。

また、職場における嫌がらせについては、申請を受けて会社が行った調査で嫌がらせの事実は確認できなかったとされているものの、Xの希望に対応するため今後会社がどのような対応を採るべきかが争点となり、Xの具体的な指摘に基づき、Yが誠実に調査を行い、その報告をすることで合意をみた。

| 事例 26 | 一方的な賃金引下げの是非をめぐる助言・指導事例 | 労働条件引下げ（賃金） |

| 申出の概要 | 申出人X（労働者）は、老人ホームY（被申出人）のケアマネージャーとして1年間勤務していたが、平成○年4月5日に突然賃金の引下げを申し渡され、当月分の賃金から引き下げられた額の賃金しか払われなくなったので、6月30日に同年7月31日付けでの退職を申し出た。賃金引下げが唐突だったので、差額を払うように申し出ると、Yは4月分の賃金だけ契約どおりに支払ったが、その後の賃金は引き下げた額しか払わないため、差額を払うよう労働局長の助言・指導を求めた。 |

紛争の背景

1. 約定賃金額　月25万円
   締切日　毎月末
   支払日　翌月5日
2. 勤務時間　1年間
3. 賃金引下げ通告日　平成○年4月5日
4. 引下げ後の額　月21万円
5. 引き下げられた額で支払われた月
   4月分（4/1～4/30の労働分）
   　25万円で支払い済み。
   5月分（5/1～5/31の労働分）
   　差額要求分
   6月分（6/1～6/30の労働分）
   　差額要求分
   7月分（7/1～7/31の労働分）
   　差額要求分
6. 申出人Xは被申出人Yから利用者を○○人獲得するよう指示されていたが、思うように獲得できなかったこと
7. 就業規則には、賃金引下げを合理化する根拠規定は何もなかったこと
8. 賃金引下げについては、一方的な通告があっただけで、Xは合意の意思表示をしていないこと

紛争当事者の主張

申出人X（労働者）

ケアプランサービス利用者を〇カ月以内に〇〇人獲得するように事務長から指示を受け、一所懸命に努力したが思うように獲得できなかった。

営業活動については、営業活動状況の報告は逐一していたが、もっと取ってくるように言われるだけで、具体的な方法などの指示はなかった。

賃金引下げについて事前に話合いの機会はなかった。

〇〇人獲得せよというのはもともと無理な要求であり、何の方策も指示していないのに賃金を下げるのには納得がいかない。

被申出人Y（事業主）

Xが1日にどの程度の営業活動を行ったのか、報告を受けた記憶はあるがよく覚えていない。

Xには営業努力が見られなかった。

利用者を獲得できないと経営が成り立たなくなる。

就業規則には賃金引下げについて何の規定もない。

判断のPOINT

1. 賃金引下げについて労働者の同意または同意を得る努力をしているか。
   一方的に賃金を引下げると宣言しているだけで、引下げ額の提示もなく、また、労働者と話し合いの機会を設けて同意を得る努力もせず、労働者の同意も得ていないこと。
2. 賃金引下げの明文上の規定はあるか。
   就業規則にはケアプランサービスの利用者の動向によっては賃金の見直しを行うことがあるといった規定はないこと。
3. 明文上の規定がないにしても、他に賃金引下げを有効と判断できる合理性があるか。
   - 状況から〇カ月以内に〇〇人の利用者獲得には無理があったこと
   - 営業活動について適切な指示がなされていないこと
   - 〇〇人には達していないものの利用者の獲得は行われていること
   - 差し迫った経営上の危機は認められないこと

いつからいくらにするとは言っていないが、このままだと仕事に見合った賃金にすると言ってあり、Xもそれは承知しているはずなので、差額を支払うつもりはない。

助言・指導の内容

賃金引下げについても労働者の同意がなく、就業規則等に賃金額を変更するための合理的な規定もない等本件賃金引下げは無効とされるおそれが高いと認められるので、被申出人Yは申出人Xに対し、引下げ前の賃金との差額を支払うこと。

結　果

指導の結果、被申出人Yは申出人Xに対し差額を支払った。

【参考裁判例】

○　ザ・チェースマンハッタン・バンク事件
　　（東京地裁平成6年9月14日判決）
○　ヤマゲンパッケージ事件
　　（大阪地裁平成9年11月4日決定）

| 事例27 | ミスが多い社員をパートに変更、賃金を引き下げたあっせん事例　― 事業主からの申請 ― | 労働条件引下げ（賃金等） |

申請の概要

製造業の事業主からあっせんの申請がなされたもので、正社員として採用されて4年が経過した社員が、異動したどの部署でも仕事のミスが多く、このままでは得意先に迷惑をかけるおそれがあることから、本来なら解雇したいところであるが、当面、身分を正社員からパートに変更し、賃金を引下げ、仕事を清掃業務に変更したいと考えた。しかし、社員は「言われた仕事はしっかりやっており、解雇や労働条件の変更には応じられない」と主張して譲らないことから、事業主があっせんの申請を行い、社員があっせんに応じた。

紛争の背景

社員X（被申請人）は、平成○年に正社員として採用され、部品組み立て作業に従事したが、作業ミスが多いことから作業長の手におえなくなったとして別の部署に異動した。しかし、その部署でも同様の状態となり、事業主Y（申請人）はXができる作業を模索すべく組み立て製造ラインの各部署を転々と異動させたが、結局どの部署においても上司から転属させてほしいとの希望が出され、結局、組み立て製造ラインにはXを引き受ける部署がなくなった。

オーナー社長であるYは、息子の常務のいる総務部にXを異動、事務作業補助に従事させたが、弁当の発注間違い、コピーミス、極端に遅い作業スピード、諸道具のしまい込み（忘れて出てこない）等の問題で不都合が生じ、そのたびに始末書による指導が続いたため、常務もこのままでは得意先との問題が起きることを危惧せざるを得なくなった。

紛争当事者の主張

申請人Y（事業主）

被申請人Xに対しては、何とか会社の組織員として働いてもらいたいと、できる限りのことはやってきた。しかし、これ以上のことはできず、昨今の経営状況からみて、Xに社員のままで働いてもらうわけにはいかない。

被申請人X（労働者）

組み立て製造ラインのどの部署においても及第点をもらえなかったという点については

認めざるを得ないものの、清掃業務は本来の仕事ではなく、パートへの身分変更と業務変更は納得できないと考えている。

あっせんの内容

　あっせん委員は、本件では、申請人Ｙがパートへの身分変更を要求しているが、被申請人Ｘには法的義務はないことから、Ｘがあくまで身分変更を拒否すれば、Ｙはそれを強制することはできない。しかし、Ｙはこの提案を拒否されれば解雇するとの強い意志を持っており、本件はいわば変更解約告知の事例に当たり、本件の根は解雇の合理性をどう判断するかにあると考えた。

　一方で、Ｘのプライドが高く、これを傷つけない解決でないとあっせんは不調に終わるとの懸念が強まったが、あっせんの途中、あっせん委員とＸだけの話し合いの場で、ＸはＹがどうしても解雇するというのであれば「自分が半年後に結婚するので、自己都合による退職ということであれば納得する」という新たな提案をしてきた。

　あっせん委員は、ＹにＸの意向を伝え、それまでの間は正社員として現行の仕事を行い、半年後に自己都合退職とする扱いを打診したところ、Ｙは了解した。

結　果

　「被申請人Ｘは、今後も正社員として現行の仕事を行い、半年後の平成〇年〇月〇日に自己都合退職する」とする和解契約が両当事者間で締結された。

POINT

　労働条件の引下げをめぐり、申請人Ｙが解雇をも主張し、被申請人Ｘが労働条件の引下げや解雇には応じられないと主張し、あっせん当初は双方の主張に大きな隔たりがあったが、あっせんの途中でのＸの提案（半年後の自己都合退職）で和解が成立した。

| 事例 28 | ミスの多い社員を契約社員に降格し、賃金を引き下げたあっせん事例 | 労働条件引下げ（賃金等） |

| 申請の概要 | 申請人Ｘ（労働者）は、金融会社Ｙ（被申請人）に入社し、正社員として勤務していた。しかし、入社して３年たっても仕事のミスが多くクレームが相次いでいるため、会社を退職するように勧められたが、Ｘはこれに応じなかった。
そのためＹはＸを契約社員へ降格させ、賃金額を引き下げることを通告した。しかし、Ｘは、会社の決定は納得がいかないとして、あっせんを申請した。 |

紛争当事者の主張

申請人Ｘ（労働者）

私は金融会社Ｙで３年間、事務職の正社員として働いてきたが、先日Ｙから契約社員への降格を通告された。仕事の能力的なことは自分なりに自覚しているところもあるが生活もある。

これからも会社には勤め続けたいと思っており、正社員へ復職したい。正社員が無理であれば、契約社員としての継続雇用は確保してほしい。また契約社員となったことにより、給料が月額で２～３万円程減ってしまったため、できれば補償金も支給してほしい。

被申請人Ｙ（事業主）

Ｘを契約社員とした理由は、本人の能力的なことに加えて、会社の仕事量自体が少なくなってきたため、社員全体でワークシェアリングせざるを得なくなってきたためである。

本人の仕事の能力が劣ることは入社当時から分かっていたことであるが、本人のやる気を評価して、辛抱強く雇用してきた。ただ、最近は以前より集中力が続かなくなってきたようで、ミスが多くなってきた。また、最近は疲れもあるようで体調不良で欠勤する日も多くなってきた。

万が一、職場内で倒れたりしたら大変だと思い、「契約社員になったほうが、労働時間数も減るし、無理なく仕事ができるのではないか」と考え、契約社員に変更したものである。会社の就業規則にも「勤務成績に応じて降格することはあり得る」と規定しているし、他の労働者との兼ね合いや会社の状況を考えると正社員としての雇用継続はできない。会社としては、正社員にこだわるようであれば、退職も視野に入れて、話をせざるを得ないと考えている。

ただし、今まで働いてきたことについては評価もしているので、気持ちとしては補償金を出してもいい。

あっせんの内容

あっせん委員は、紛争当事者双方の言い分を聴いた上で、Xに対してYの意向を伝えたところ、Xは「正社員に復職したい気持ちはあるが、何より継続雇用を約束してほしい」と継続雇用を強く希望した。またXは「継続雇用を約束してもらえるなら、補償金は15万円程度でいい」旨を述べた。あっせん委員からYにXの意向を伝えたところ、Yはその条件で和解したい旨を述べたため、合意文書を作成した。

結　果

合意文書において、申請人Xが「契約社員」としての地位があることを相互に確認し、本件紛争の解決金として15万円を支払い、ほかに何ら債権債務がないことを相互に確認するとした和解契約が両当事者間で締結された。

【参考裁判例】

○　アーク証券事件
（東京地裁平成8年12月11日決定、労判711-57）

POINT

Xは正社員へ復職したいという希望を持っている中、Yは正社員としての雇用継続はできず、それであれば雇用契約を終了したいと考えていたため、あっせん当初は双方の主張に大きな隔たりがあったものの、「雇用の継続」を前提として、両者が歩みより和解が成立した。

| 事例 29 | 退職に当たり、引き下げられていた賃金の差額を返還するよう求めたあっせん事例 | 労働条件引下げ（賃金） |

| 申請の概要 | 申請人X（労働者）は、金属製品製造業を行う株式会社に勤務していたが、今年10月末日をもって同社を解雇された。退職に当たり、業績悪化を理由に3年前の6月以降引き下げられていた賃金の累計額40万円（1カ月当たり1万円、40カ月分）の支払いを求め、あっせんの申請を行った。 |

紛争当事者の主張

申請人X（労働者）

会社の業績悪化を理由に、3年前の6月以降、賃金額の引下げが行われたが、その際に会社側から「新規に工場を購入するため、従業員から賃金の一部を借りたい。借りた分については後日返済する」という説明を受けた。以降、今年10月まで賃金額は引き下げられたままである。今般、人員整理の一環として、10月末日付けで解雇されたが、退職に際して減額分の合計額40万円を会社に対して要求したい。減額分については後日返済するという説明を受け引下げに応じたわけであり、当然の主張だと思う。毎月の控除はあくまでも会社に対して貸していたものであるため、返済を強く求めたい。

被申請人Y（事業主）

経営が悪化したことから、3年前の6月以降、従業員全員の賃金引下げを行った。ただし、従業員から賃金の一部を借りる、あるいはこれを返済するといった認識にたったものではないし、そのような説明もしていない。引下げの額については、各労働者の基本給の額をもとにしていたが、Xの場合は1カ月1万円であった。

賃金引下げの説明を行った際には異議等申し出ることはなく従業員の同意を得ているものであり、支払いに応じる義務はない。賃金の引下げを行うに当たっては従業員全員に対してその旨の説明を行ったほか、代表取締役名の文書を各人に交付したが、Xを含め異議等はでなかった。会社の経営が苦しかったのは従業員全員が認識していたはずであり、全員これを承諾してくれたものと考えている。

あっせんの内容

あっせん委員が被申請人Yと個別に面接を行った。Yは、賃金引下げの事実および引下げ額等については認めたものの、引下げ額の支払いの取扱いについては、「会社に貸与したものであり返還されるべき」という申請内容に対し、「従業員同意の上での引下げであり支払い義務はない」旨の反論をし、主張の食い違いが認められた。

Yの主張に対し、あっせん委員が「賃金の引下げを行ったことは事実であり、その際の会社側の説明内容から申請人が引下げ額分につき返済してくれるものと認識したことも十分に考えられる。裁判等に発展した場合には、そもそも賃金の引下げ自体が合理的なものだったのか否かも含め、その辺りの事実関係が一から厳密に洗い直されることになる。引下げ額分の返済という支払いの名目にはこだわる必要はない。和解金、退職金の上積み等支払いの名目は問わないので、引下げ額分累計の範囲内での金銭の支払いにより円満に紛争を解決してはどうか」と、Yに打診を行い、譲歩を求めた。すると、Yは、「賃金引下げに対する返還という形では応じられないが、在籍中の申請人Xの真面目な勤務態度を評価するという意味で、規程の退職金40万円に20万円を加算して支払うということで譲歩したい」旨を申し立てた。

結 果

被申請人Yが、申請人Xに対して、賃金引下げ額分の返還という形ではなく、退職金として、退職金規程に基づく額40万円に20万円を加算して支払うことで紛争当事者の双方の合意が成立した。また、その旨を記載した合意文書の作成が行われた。

POINT

3年以上の間行われてきた賃金の引下げ額について「会社に貸与している」との主張の下、その「返還」を主張し、①賃金引下げの際、会社側が申請人の主張する趣旨の説明を行ったのか否か、②実際に賃金の引下げが行われている事実を踏まえ和解金等の支払いにより解決を図る余地があるか否か、が争点となった。

あっせんの場で、双方が賃金の名目にとらわれず、退職金の上積み支払いで合意した。

| 事例30 | 経営悪化による賃金の不利益変更が合理的かの判断を求めたあっせん事例 | 労働条件引下げ（賃金） |

申請の概要

申請人X（労働者）は、企業のホームページ作成を行う会社Y（被申請人）のウェブデザイナーとして勤務していたが、今年に入りYから、経営不振を理由に給料の減額を通告された。

他の労働者も減給されたが、自分の減給金額は他の人よりも大きく、社長から明確な説明がなされなかった。Xとしては、取引先からのクレームもなく、顧客の数も順調な中での大幅な減給であり、納得がいかず、何度も話合いを行ったが、折り合いがつかなかったので、あっせん申請を行ったもの。

紛争当事者の主張

申請人X（労働者）

大学を卒業後、Y社に入社して3年目であり、給料は固定給30万円と諸手当が約7万円であったが、今回の決算で経営不振を理由に、約5万円の減給を通告された。しかし、会社全体の仕事量や売上げは特に変化しているとは感じられず、経営悪化の程度が不明である。

社長は入社時に、裁量労働制だから、自分の好きな時間に出勤できると言っていたのに、実際は連絡調整のため、9時から17時は出勤していなければならなかったり、言動は以前から信用がならない点が多かった。今回の減給は、自分だけでなく全社的なもので、他の労働者も減給が行われたが、その額は人によりバラバラで、自分の同期は、減給金額は2万円程度であるとのことだった。

半年前に起きた大手の関連企業が連鎖倒産になったことを受け、経営状態がそれほど良くないことは分かっているつもりではあるので、減給自体には応じる。ただし、減給の金額は、納得のいくものとしてほしい。

被申請人Y（事業主）

近年の不景気のあおりを受けて、昨年に関連企業が連鎖倒産になった中、何とか頑張って雇用を確保してきた。Xが行っているウェブデザイン部の仕事はそれほどの影響はないが、当社の事業全体の仕事量が減少傾向にあり、前年度比で70％程度になってきている。会社としては資金繰りが苦しく、全社的に賃金の減額に踏み切らざるを得ない状況である。Xを含めて、会社の経営状態のことは朝礼等をとおして説明しているし、給料は月給制（固定給＋諸手当）の者や、歩合給制（最低保証額＋歩合制）という者など様々である。

今回の減給額は各人の職位や勤務成績、人事考課等を考慮して総合的に判断しているので一律にいくら、といった減給を示したわけではない。

あっせんの内容

あっせん委員は、「賃金は、労働契約の重要な要素であり、使用者が一方的に引き下げる事はできない。経営不振や高年齢者の賃金抑制などを目的として賃金の一方的な引下げを行う事例があるが、判例ではこれを否定するものが多い」として、今回の労働条件の不利益変更（減給）は、裁判では否定される可能性があることを指摘した。

また被申請人Yに対し、申請人Xは、会社の本当の経営状態がよく分かっていないので、Xの同意を得るためには、現在の経営危機の状況について、具体的な資料等により、数字で具体的に示すなどして、Xに十分に説明する必要があったことを指摘し、Y自身の賃金減額の方針についても、明確な方針が定まっていないと見受けられることを述べた。

結　果

あっせん委員が、申請人Xに対して、減額幅の上限について確認したところ、「1カ月当たりで月額3万円が限度である」という提案が出され、このことを被申請人Yに伝えたところ、「その内容で和解したい」との返答があり、この内容で和解が成立した。

POINT

被申請人Yの述べる「会社の経営不振」と、申請人Xが主張する「賃金の減額」の幅が適切であるかが、争点となった。あっせん委員が判例を示し、双方が自らの実情について包み隠さず、話し合いを行った結果、減額幅が狭まり、両者合意の上で、和解が成立した。

| 事例 31 | 周知されていなかった退職金規程は無効であることを求めたあっせん事例 | 労働条件引下げ（退職金） |

申請の概要

申請人X（労働者）は、入社以来30年勤めたY百貨店（被申請人）を定年退職した。Xは退職前に会社から配布された就業規則に基づき約2000万円の退職金が支給されるものと思っていたが、定年退職後に、支給された退職金額は約2000万円ではなく約1500万円に減額されていた。

Yの社長に質問したところ、「退職金は、昨年に変更した退職金規程を根拠に算定したものである」と主張された。Xにとっては「昨年の変更は、合意もしていないし、変更後の内容も知らない。労働者の合意を得ずに一方的に変更され、また変更後の内容が労働者に周知されていなかった退職金規程は無効である」として、退職金の不足額約500万円の支払いを求め、あっせんを申請したもの。

紛争当事者の主張

申請人X（労働者）

入社以来、会社の販売員からスタートして、売場、経理担当まで、幅広く会社の仕事に従事して努力を続けてきた。経営状態が悪くなってきた数年前あたりから、退職金が減ることについて、噂では聞いていたが、明確な話は聞いていなかった。

実は退職1カ月前に、自分から退職金の話をしたところ、総務部長から500万円も減る話を聞かされた。社長からは、「Xさんがいたから、Y社はやってこられた。大変感謝している」と言われていたので、このような処置を受けたことは、残念だし、到底納得できない。不足額500万円を満額払えという気持ちではないが、せめて長年勤めてきたことに対する気持ちをみせてほしい。

被申請人Y（事業主）

Xは、定年退職時に当社の販売課長であったし、在職中の給料面や昇給面など様々な配慮をしてきたつもりであった。昨年、退職金規程を見直したのは、このままの支給要件では、会社の赤字が拡大するという危機感を感じたからである。退職金規程の見直しについては、1年ほど前から月1回の幹部会議で社長から幹部に説明していたので、当然、Xもこのことの認識はあると思っていた。

ただし退職金規程の変更については、Xも含めた幹部職員等、全労働者の合意を得たわけではなかった。Xとの話し合いに折り合い

がつかず、個別労働紛争に発展してしまったことは残念であるが、このあっせんの場で解決できればと考えている。

あっせんの内容

あっせん委員から被申請人Yに対して、退職金は、賃金の後払い的性格、功労報償的性格、生活補償的性格を併せ持つものであるから、その点を考慮して解決金を考える必要があることを説示したところ、Yは「申請人Xに対しては、夏季等の長期休暇時に休みなく働いてもらった分についての恩もある。300万円であれば、分割での支払いになるが、解決金として提示したい」との申出がなされた。

結　果

あっせん委員から、申請人Xに対して「Yから、解決金として300万円を支払う」旨の提示があったことを伝えたところ、Xはこれを受諾し、合意が成立した。

【参考裁判例】

○　大曲市農協事件
（最三小昭和63年2月16日判決、労判512-7）
○　みちのく銀行事件
（最一小平成12年9月7日判決、民集54-7-2075）

POINT

退職金規程の見直しについて労働者から合意を得ていないなど、被申請人Yの手続には問題があった。あっせん委員が退職金の性格等についてYに説示したところ、Yが300万円の解決金を支払う案を提示したため、双方の合意が成立した。

| 事例 32 | 非常勤職員であることを理由に不支給とされた退職金の支払いを求めたあっせん事例 | 労働条件引下げ（退職金） |

申請の概要

申請人Ｘ（労働者）は、20年前に学校法人に入社して以来、同法人が経営する予備校で非常勤職員として勤務していたが、3月20日、予備校の閉鎖に伴い解雇された。そこで、退職金規程に基づく退職金の支払いを求めたが、被申請人Ｙ（事業主）は、「非常勤講師については退職金規程の適用がない」として支払いに応じないことから、あっせんの申請を行った。

本件は、申請人の申出に基づき都道府県労働局長の助言・指導の手続が行われ、労働局長が再度話し合うように助言した結果、Ｙの「和解金として100万円を支払う」旨の提示をＸが受け入れず、あっせんの申請に及んだという経緯がある。

紛争当事者の主張

申請人Ｘ（労働者）

非常勤職員だからといって退職金を支給しないことは、退職金規程のどこにも書いていない。20年もの長い間勤務しており当然退職金を支給される権利はあると考えている。規程に基づき、基本給に勤務年数に見合った支給率を乗じた額（240万円）を退職金として支払ってほしい。

算定根拠となる各種手当等の賃金について差があることは認識しているので、額についてまで常勤職員と同額を要求しようとは考えていない。自分なりに常勤講師より低い額で計算した。

過去に非常勤職員に退職金が支払われた前例は知らない。

被申請人Ｙ（事業主）

退職金規程上退職金が支給されるのは常勤職員のみであり、非常勤職員は支給対象とはならない。過去、非常勤職員に退職金を支払った前例もない。

Ｘの場合、長年勤務してくれたこともあり、労働局の助言を受け100万円を支払う旨を提示するなど最大限譲歩を行ったものであり、それ以上の額の支払いは困難である。

6年前、Ｘに対して常勤職員として勤務することを打診したが断られた。今ごろになって常勤職員に準じ退職金の支払いを求めるのは筋が通らない。Ｘがあくまで当初の要求に固執するのであれば当法人としても裁判も辞さない。

他の非常勤職員へも示しがつかないことか

ら、規程に準じた退職金を支払うつもりはない。和解金と名目を変えた上でなら、Xの要求する額面は無理にせよ支払う用意がある。

あっせんの内容

被申請人Yは、非常勤職員には退職金規程の適用はなく支払った前例もないことから、規程に基づく退職金として申請人Xが主張する額を支払うことには応じられないとする一方で、(退職金としてではなく)和解金としてであれば一定程度の金額の支払いについて応じる意向を示した。そこで、あっせん期日において紛争当事者双方との個別方式の面談を通じ、和解金としての支払いを前提に具体的な支払額の調整を行った。

あっせん委員は、Yと個別に面談し、「もとはと言えば、非常勤であるXの退職金に関する取扱いを不明確にしてきたのが今回の紛争の原因、早期解決に向けては双方が金銭的に妥協するのが適当であると考えるが、事業場側としてはどれくらい支払えるか」と早期解決に向けた金銭的妥協を打診したところ、Yは「120万円ぐらいであれば対応できる」旨を回答した。そこで、あっせん委員より「このようなケースで裁判になると弁護士費用だけでも多額の金銭を要する可能性がある。140万円ぐらいで話を進めたいがどうか」と打診したところ、Yはこれを了解し、当初の主張を軟化させた。

これを受け再度Xに面談し意向を確認したところ、「提示された額の是非につき即答はできない」とのことであった。また、Y側も、支払金額についてはいったん持ち帰り最終的な判断をしたいとのことであった。以上の経緯を踏まえたあっせん案を作成し、後日双方に交付することとした。

結　果

和解金の金額について紛争当事者間の主張の調整を行った結果、被申請人Yが申請人Xに対して140万円を支払う旨を記載したあっせん案を作成・提示したところ、双方がこれを受諾した。

申請人Xが、被申請人Yの退職金規程に定める額の退職金支払いを求めているのに対し、Yは規程上非常勤職員は支払い対象とならない旨を主張したものであり、退職金規程に基づく退職金の支払いおよびこれに代わる具体的な和解金の額が争点となった。

あっせんの場でYは退職金に関する取扱いが不明であった非を認め、早期解決に向けた金銭的妥協を受入れ、Xも金額的に譲歩して合意が成立した。

| 事例 33 | 退職理由が自己都合であった場合の、退職金額をめぐるあっせん事例 | 労働条件引下げ（退職金） |

| 申請の概要 | 社長や周りの社員から、高齢を指摘されて退職を促されたこともあり、申請人X（労働者）は、運送会社Y（被申請人）のトラック運転手として20年間勤務していたが、自己都合により退職した。そしてXはY会社に退職金の支払いを求めたところ、Y会社から「自己都合による退職なので、就業規則の規定に従って、支給率は50％の支払いになる」旨を告げられた。
Xにとって、就業規則の存在自体、退職時点で初めてわかったことであり、その内容については全然知らされていなかった。そのためXは就業規則は周知徹底されたものではなかったと主張し、退職金の全額支払いを求め、あっせんの申請を行った。 |

紛争当事者の主張

申請人X（労働者）

自己都合で退職したが、それは社長や周りの社員から「年齢や身体のことを考えるとトラックの運転はもう厳しいだろう。退職したらどうか」との意見に応じて退職したので、自己都合扱いで50％の支払いになるのは納得がいかない。

そもそも就業規則の退職金規定を見たのは退職後のことで、在職時は、その内容や備え付けの場所等は全く知らされていなかった。他の労働者も20年勤めた者は300万円という額をもらっていたので、自分もそのくらいもらえるものだと思っていた。50％の支払い、150万円になることが最初からわかっていたら、自己都合で退職することはなく、定年まで頑張っていたかもしれない。定年までの生活補償も踏まえて、退職金の額を再考してほしい。

被申請人Y（事業主）

就業規則は、十数年前に別の労働者から指摘を受けて、Xが勤務している事務所にも写しを備え付けた。就業規則本体は書庫に保管し、事務担当者には要求があれば見せるよう指示していたが、就業規則の備え付けや、全労働者に対する周知について、個々の労働者に明確に行っていたのかを問われると不十分な面はあった。

退職を勧奨したのは、Xが高齢であり体調も思わしくないようであることから、負担の

かかるドライバーの業務では事故が起きる危険性があると判断したからである。Xも最近仕事がきついことは漏らしていたので、無理に退職を勧奨したわけではない。

あっせんの内容

あっせん委員より、会社側からの退職勧奨があっての退職は、一般的に退職金の優遇措置を取ることが一般的であるため、最終的には申請人Xが退職を申し出たとしても、その点を考慮すべきであることを説明し、紛争当事者双方の調整を図ったところ、すでに支払い済みである150万円に加えて、退職金の20％の60万円と、補償金20万円を加えた合計80万円を支払うことで双方の合意がついた。

結　果

被申請人Yが申請人Xに対して、80万円を支払うことで、紛争当事者間の合意が成立した。また、その旨を記載した合意文書の作成が行われた。

POINT

就業規則は、その内容を労働者に周知することが必要であり、被申請人Yはその点で配慮が欠けていたといえる。あっせん委員が退職勧奨の際の退職金の額の決定についての一般的な考え方をYに伝えたところ、Yが解決金の上乗せを提案したため、双方で合意が成立した。

事例 34
退職を慰留された結果、退職金が半減されたことをめぐるあっせん事例

労働条件引下げ（退職金）

申請の概要

申請人X（労働者）は、食品加工業を行うY社（被申請人）が操業する工場に事務員として35年間勤務し、昨年3月に退職を申し出たところ、後任者不在の問題から1年間引続き勤務するよう慰留されたことから、これに従い、その後、今年5月に退職した。ところが、会社は昨年10月に就業規則を変更し、退職金を最大限5割まで減額できる規程を新たに設けたことを根拠に、退職金を半額に減額されたことから、これを不服としてあっせんの申請を行った。

紛争当事者の主張

申請人X（労働者）

35年間の長きに渡って勤務し、昨年3月に退職を願い出たところ、会社の都合で退職日を1年以上引き延ばされた末に、支給されることを予想していた退職金を半額に減額されたことには到底納得できない。

今年5月に退職後、8月に退職金が口座に振り込まれたが、退職金規程によれば本俸×勤続年数（7万円×35年）で245万円のところ、130万円しか支払ってもらえていない。

最大5割減額できる規程となっているが、「労働者の勤務状況により減額できる」としており、自分には減額されなくてはならない理由が思い当たらず、会社からも減額の理由が示されない。「○○さんがいなくなったら、○○工場は大変になる」と在職中は言われており、評価されていたと自分では認識していたのに、減額は納得できない。

定年前の自己都合による退職ではあるが、退職の理由は、自分の年齢から判断して、事務所の職員としてこれ以上長く留まることに日ごろ抵抗を感じていたことによるものである。

会社の経営状態が厳しいことは承知しており、満額は無理としても、退職金として200万円くらい（すでに支払われている130万円を含む）は支払ってほしい。

被申請人Y（事業主）

Xは、昨年の2月、3月末で退職したい旨の申出があったが、後任の問題があって慰留し、結果的には1年以上経過した今年5月に退職した。

昨年10月に退職金規程を「自己都合による退職または解雇については勤務状況等を考慮して1割から5割減額することができる」旨に変更し、Xの退職金は当該変更後の規程

に基づき算出した。

　Xの退職金を減額したのは、Xは、事務員として会社に対して特に大きな貢献をしたわけではなく、在籍期間が長いことから賃金等勤務条件について他の労働者より随分と優遇していたことが原因である。また、会社の業績が悪化しており満額の退職金を支払う余裕がなくなっていることも理由の一つである。

あっせんの内容

　あっせん委員は、紛争当事者の主張を確認したところ、双方とも、申請人Xの退職申出に対し、事業場が慰留し、その後退職金規程を変更し、減額規程を設けたこと等の事実については、争いはない旨を確認した。

　一方でXは、単に会社の業績を理由に減額することは不服であり、就業規則上の減額理由となるべき事項もないことから、70万円以上の支払いを主張し、また、被申請人Yは、会社の業績および定年退職者との差異を理由に高額の支払いには応じられない旨を主張した。

　あっせん委員は、紛争当事者双方に個別に面談の上具体的な解決額を提示したのち、最終的に50万円の支払いをもって和解するよう打診したところ、双方ともこれを了承した。

結　果

　被申請人Yが申請人Xに対して50万円を支払うことで、紛争当事者間の合意が成立した。また、その旨を記載した合意文書の作成が行われた。

POINT

　申請人Xが退職を申し出たことに対し、被申請人Yがこれを慰留し、その後退職金規程を変更、減額規程を設けたこと等事実関係については双方争いがないものの、申請人が退職金として最低200万円は支払ってほしいとして、すでに受領している額に上乗せして支払いを求めているのに対し、Yは、会社の業績が苦しいこと、定年退職者の退職金と差異を設けるわけにはいかないこと等を理由に高額の支払いには応じられない旨を主張。

　支払われるべき退職金の額が争点となり、あっせんの場でXが示した譲歩を契機に双方の譲歩がさらに進み合意が成立した。

| 事例 35 | 退職金の算定方法をめぐるあっせん事例
－事業主からの申請－ | 労働条件引下げ
（退職金） |

| 申請の概要 | 電気製品の卸売業を行う事業場（事業主Y）に14年間勤務していた労働者X（被申請人）は、今年7月31日付けで申請人Yの事業場を退職届を出した上で退職した。
Yは、「60歳定年若しくは傷病等により定年前に退職を余儀なくされた場合を除き退職金を不支給とする」旨、6年前の4月1日付けで退職金規程の変更を行い、同規程に基づき労働者Xに対する退職金を不支給としたところ、労働者Xは退職金の支払いを求め争いとなり、事業主Yがあっせんの申請を行った。 |

紛争当事者の主張

申請人Y（事業主）

変更後の退職金規程では、自己都合退職の場合には退職金を支払わないこととしている。

変更前の退職金規程では、Xのような自己都合退職の場合には勤続年数に応じて計算した額の50％を支払うこととなっていた。退職金規程は6年前の4月1日に60歳定年制導入に伴う変更を行ったものであるが、Xを含め従業員の誰からも異論がなかったので了解されたものと考えている。退職するときになって、このように退職金の請求を行うのはおかしい。

被申請人X（労働者）

6年前の4月に変更されたという退職金規程については、今年7月に退職するときになって知らされるまで、会社から全く示されておらず、変更内容に同意した覚えもない。

また、当該事業場を退職した理由は、今年5月から賃金が引き下げられ、その後、さらに賃金を歩合給にする旨を通告された上、他に適当な就職先があれば転職するよう勧められたためである。したがって、自発的な退職とは異なるので、変更前の規定どおりの退職金支給を請求するが、自己都合退職として基準額に0～50％を乗じた額ではなく、基準額の全額を請求する。

変更前の規定によれば、退職金の額は、退職時の基本給の額に勤務年数に応じて定められている支給率を乗じて計算することとさ

れている。当該事業所に勤務し始めたのは、14年前の5月であり、退職時の今年7月31日までの勤務期間は、14年間となることから、変更前の就業規則によれば、支給倍率は7倍となり、退職時賃金の基本給20万円に7を乗じた140万円を、退職金として請求する。

あっせんの内容

あっせん委員が、まず、紛争当事者双方に個別に面談の上、その主張を聴取、紛争に係る事実関係および問題点の整理を行った。その上で、申請人Yに対しては「就業規則の不利益変更であると認められるが、就業規則の変更に必要性、合理性が認められず、不利益変更に伴う代償措置もなく、また、労働者に対する説明手続も不十分であるなど、就業規則の変更は無効であると判断される」と、被申請人Xに対しては「自ら退職届を提出していることから会社都合の退職とは認められず、自己都合退職であると判断される」と、それぞれの問題点を指摘した。

あっせん委員は、双方に紛争解決に向け主張を譲歩するよう説得を行った上で、「YはXに対し、変更前の就業規則に基づき、労働者の退職時賃金の基本給20万円に14年間勤務の支給倍率7倍および自己都合退職として50％を乗じた額70万円を支払うことで双方合意してはどうか」と打診を行った。

結　果

申請人Yが「変更前の退職金規程に基づき、勤続年数に応じ計算した額の50％を支払う」旨を申し述べ、被申請人Xもこれに同意した。

YがXに対し、変更前の退職金規程に基づき、自己都合退職として計算した額70万円を支払うことで、紛争当事者双方が合意した。

また、その旨を記載した合意文書の作成が行われた。

POINT

事業主からあっせんの申請が行われたもの。
① 退職金規程の不利益変更の内容、変更の際の手続についての当否、ひいてはこれらの事情を踏まえた上で申請人Yが退職金を支払うべきか否か。
② 退職金の額につき自己都合退職、会社都合退職のいずれかの取扱いによるべきか。
という2点が争点となり、あっせん委員が双方の主張の問題点を指摘したところ、双方が歩み寄り合意が成立した。

事例 36　不当に勤務日数を減らされたため、元のシフトに戻すよう求めた助言・指導事例

労働条件引下げ（その他）

申出の概要

申出人X（労働者）は、求人広告を見て応募し、「週5日、1日7時間の労働契約」で学習塾を営むY会社（被申出人）に受付事務職員として入社した。ところが、入社2カ月ほどしてから、当初の契約場所と違う県内の各教室への異動を頻繁に命じられるようになった。異動場所によっては1日2時間の勤務しか仕事がなかったり、自宅待機の日が続いたり、収入が安定しない日々が続いた。

当初の契約どおり、「週5日、1日7時間の労働契約」を守るように労働局長の助言・指導を求めたもの。

紛争の背景

入社時に交付された労働条件通知書は、以下のものであった。

　勤務場所：学習塾Y　A教室
　仕事内容：受付事務
　労働時間：9時〜17時
　　　　　（休憩13時〜14時）
　労働日：週5日勤務（シフト表による）
　約定賃金額：時間額900円
　　　　　　　月末締め、翌月5日払い
　勤務期間：1年間（自動更新あり）

しかし、異動を命じられてからは、1日平均3時間の労働となってしまった。異動に関しては、適用される就業規則に「配置転換することもあり得る」との記載になっていたが、労働条件通知書には、上記の勤務場所のみの記載であり、異動の件は書いてなかった。

紛争当事者の主張

申出人X（労働者）

求人広告には、就業場所が「学習塾Y　A教室」との記載があり、入社時の面接でも、担当者から異動があるとの話は聞いていなかった。労働条件通知書にも、異動等の記載はない。異動があっても就労日数（週5日）や労働時間（1日7時間）が確保されていれば我慢できたが、異動により就労日数・労働時間ともに半減し、収入は半分ほどになってしまった。

総務課長に「最初の約束と全然違ってきているし、このままでは収入が安定せず、子どもの学費の支払いに支障を来たしてしまう。何とかしてほしい」と尋ねたところ、「今、教室の統廃合をしているので、しばらくは仕事が減ってしまう。他の人も我慢してやってくれているし、あなただけじゃないよ」との

回答であり、納得いく返事が得られなかった。当初の契約内容を守ってくれるように助言・指導してほしい。

被申出人Y（事業主）

当社の就業規則では、「経済状況を反映して勤務場所を変更することはあり得る」との記載があるし、Xに対しては、「当社は県内に教室が十数か所あるので、状況に応じて異動を行うことはあり得る」ことを伝えてあった。

当初の契約内容については、理解しているので、Xの意向を考慮して、できるだけ早く、従来のシフトに戻すことができるよう対応していきたい。

助言・指導の内容

就業規則に記載があるものの、労働条件通知書に記載がなく、かつ、労働者の同意がないのに配置転換を行い、結果として就労日数や労働時間数を減らした場合、人事権の濫用として無効とされるおそれがあることを説明し、できるだけ早く、従来の勤務シフトに戻すよう被申出人Yに対して助言・指導した。

結　果

指導の結果、申出人Xと被申出人Yが話し合いを行い、勤務場所は異動することがあっても、「週5日、1日7時間労働」の契約は遵守することを約束した。

POINT

1. 配置転換、賃金引下げについて労働者の同意または同意を得る努力をしているか。
   本事案では、被申出人Yが一方的に配置転換、賃金引下げを行っているだけで、申出人Xとの話し合いの機会を設けて同意を得る努力をせず、またXの同意も得ていないこと。
2. 配置転換、賃金引下げの明文上の規定はあるか。
   本事案では、就業規則には配置転換に係る記載があったものの、労働条件通知書には配置転換により賃金が低下することになる名文上の規定はなかった。

| 事例 37 | 減らされた勤務日数に相当する賃金額分を損害賠償金として支払うよう求めたあっせん事例 | 労働条件引下げ（その他） |

申請の概要

食料品等販売店で3カ月契約を繰り返し、5年間食料製造部門にパートで勤務していた申請人X（労働者）が、契約の更改直後に同僚と口げんかをしたとして、店長から勤務日数を減らされた上、退職を強要された。その契約期間の終了とともに退職したが、けんかの相手には何の処分もなく不満であり、納得がいかないことから、減らされた勤務時間に相当する賃金額分を損害賠償金としてもらいたいとしてあっせんを申請した。

紛争の背景

Y社はチェーン店方式の食料品等販売店で、A店で起きた紛争である。労働者Xは、A店にパートとして3カ月契約を繰り返し5年間勤務しており、食料品製造部門で働いていた。

平成○年○月に契約を更改したが、その直後に、同僚と口げんかをしたとして、店長から、それまでの週3日20時間の勤務から週1日7時間の勤務にされてしまったうえ、退職を強要された。

Xはその契約期間の終了とともに退職したが、けんかの相手には何の処分もなく、不満であり納得がいかないとして、減らされた勤務時間に相当する賃金額分を損害賠償金としてもらいたいとA店の店長に要求したが断られ、あっせんを申請した。

紛争当事者の主張

申請人X（労働者）

会社がけんかしたと言っている相手には単に仕事中の注意をしただけなのに、相手がそのまま家に帰ってしまったもので、自分には何の落ち度もないのに、相手には何の処分もなく、自分だけ勤務日数を減らされるという処分を受けた。減らされた勤務日数に働いたらもらえたであろう賃金に相当する金額16万5000円を損害賠償としてもらいたい。

被申請人Y（事業主）

本店の総務課長等からあっせん委員が事情聴取したところ、パートの採用および賃金（時給）の決定は店長に行わせ、本社の承認事項となっていた。

Xの言うとおり勤務日数を減らしたのは事実である。

しかしそうなったのは、Xの勤務態度のためであり、Xは他の社員とコミュニケーションがとれず、チームワークを乱したためで、何度も指導したがだめであった。また、同僚からXに嫌がらせを受けたという資料があるので提出する。

しかし、契約期間内の一方的な労働時間の減少を行ったことについては、Xと話し合う余地はあると思うのであっせんしてほしい、とのことであった。

あっせんの内容

あっせん委員は、Y社から申請人Xに対し行った注意状況を記したメモの提出を求め、それをもとに再度Xに対し事情を聴くとともに、Xの真意を確認したところXは一定の譲歩を示し、要求する金額を再提案してきた。

あっせん委員は、これをもとにXおよび被申請人Yに、再度それぞれの譲歩を求め、両者の合意を得た。

結　果

「被申請人Yは、申請人Xに対し、Xの勤務時間減少の解決金として金8万円を支払う」とする合意文書が両者の間で締結された。

POINT

被申請人Y側に一義的な非があったものの、その背景に申請人Xと他の社員との問題もあった事案。

双方が、あっせんの場でそれぞれの非を認め、Xの譲歩を機に双方がさらに歩み寄り、合意が成立した。

| 事例 38 | 契約更新時に労働条件の大幅な変更を求められたことをめぐるあっせん事例 | 労働条件引下げ（その他） |

| 申請の概要 | Yゴルフ場（被申請人）にパートとして勤務している申請人X（労働者）は、社長の交替時に一方的に賃金等の労働条件を引き下げられ、さらに2年後の契約更新時に労働条件の大幅な変更を求められ、元の労働条件を求めたところ拒否されたため、紛争となり、会社に対して賃金差額および慰謝料からなる損害賠償を求めて、あっせんを申請した。 |

紛争の背景

申請人X（労働者）は、平成〇年4月から、Yゴルフ場（被申請人）でパート職員としてキャディー業務を行っていた。

2年後に社長が交替し、その際パート職員の賃金等の勤務条件が一方的に引き下げられた。

Xは、さらに2年後の4月の契約更新時に、さらに条件の低い施設清掃員としての契約を求められた。

XはYに対し、キャディーとしての職務と労働条件を求めたところ拒否された。その際、いろいろ社内で噂も立てられ、精神的にも苦痛を受け、当該事業所で働くことはできない状況に追い込まれ、Xは契約を更新することなく退職した。

紛争当事者の主張

申請人X（労働者）

労働条件が引き下げられたことによる減収分の損害賠償と精神的慰謝料として併せて100万円を要求する。

（内訳）
① 2年間の賃金の差額（2.5万円×12月×2年）……………60万円
② 精神的慰謝料 ……………40万円

被申請人Y（事業主）

Xに対する契約は、平成〇年3月末で終了している。

復職を求めるなら、短期間のアルバイトキャディーか清掃員で雇う意思はあるが、Xの金銭的な要求に応じる考えはない。

あっせんの内容

あっせん委員が当事者双方に個別面談し意向を確認したところ、申請人Xは、損害賠償を要求し復職の意思はなく、被申請人Yは金銭的要求に応じる考えはないというように両者の歩み寄りがみられなかった。

あっせん委員は、再度、双方に紛争解決の意思があるかどうかの確認を行った上、Yに対し、社長が交替した2年前の契約更新の実態についてははっきりしないが、仮に労働者の合意なく賃金を引き下げたとなれば、法に抵触する可能性を否定できないことを指摘した上で損害賠償ではなく和解金として解決の意向を打診し、Yもあっせん案を示してほしいと要望した。

```
あっせん案
  YからXに対して、和解金として
金60万円を支払うこと。
```

結　果

当事者双方とも、あっせん案を受諾した。

POINT

当事者双方の主張の隔たりが大きい事案であったが、あっせんの途中、被申請人Yは申請人Xに対し非を認めつつ、Xの要求する損害賠償ではなく、和解金としてであれば譲歩すると歩み寄りをみせ、さらに和解金について双方の譲歩により和解が成立した。

事例39 下請会社への出向命令の撤回を求めたあっせん事例

在籍出向、配置転換

申請の概要

Y製作所で勤務する申請人X（労働者）は、社長と口論をしたところ、下請会社への出向を命じられた。急な出向命令に納得がいかないので、Y製作所に対し、出向命令の撤回を求めたが、認められなかったため、紛争に発展し、不満に思った労働者があっせんを申請した。

紛争の背景

申請人Xは、溶接工としてY製作所に勤務していた。

部長の許可を取った上で、週末に有志（24人）の社員旅行に出かけたが、社長から「取引先でトラブルが発生したため、戻ってくるように」と連絡が入ったが、休日であり、旅先であったため、誰も帰ろうとしなかった。

また、Xは酒に酔っていたこともあり、社長からの電話に対し、「こんなところまで電話してくるな。ばか」と暴言を吐いた。

週明けに、社員旅行の幹事であったXが社長に呼ばれ、叱責を受けた上、1カ月後、A社への出向を命じられた。賃金その他の勤務条件は、Y製作所と同水準であるがその2カ月後、Xの同意もなしに、転籍させられていた。

これは、実質的解雇に当たるとして、Xが社長に抗議したところ「出向規定に基づき、退職金も出すし、勤務条件も同じなんだし文句をいうな」とXは社長から叱責を受けた。このことに対する精神的ショックから、Xは現在も胃の不調を訴えている。

紛争当事者の主張

申請人X（労働者）

他に旅行に行った者はたくさんいるのに、自分だけ出向という不利益な取扱いを受けたことは納得がいかない。A社はY製作所とは資本関係も親会社・子会社関係にもなく、これは実質的に解雇に当たるので、退職金の上乗せと精神的苦痛等に対する補償として、5カ月分の賃金相当額の150万円を要求する。

被申請人Y（事業主）

Xが出向になったのは、今回の社員旅行でのトラブルが引き金になった可能性は否定できないが、以前も他の社員を巻き込んで退職騒動を起こしたことがあるなど、長い間の積み重ねの結果である。

長年勤めてきたXが金銭的解決を求めているのなら、50万円程度なら相談に応じる用意はある。

あっせんの内容

あっせん委員は、双方に紛争解決の意思があるかどうかの確認を行い、それぞれに相手の要求内容を伝えた。そしてY製作所（被申請人）に対し、出向とりわけ転籍出向については、あらかじめ労働者本人の同意が必要であり、やり方に問題があることを指摘した。

その上で、申請人XおよびYとの間に入り、補償金額の調整と説得を繰り返し、以下の和解策を双方に示した。

```
和解案
　被申請人Yは申請人Xに対して、解決金として金90万円を支払うこと。
```

結　果

当事者双方とも納得し、和解案の内容に基づく合意が行われた。また、その旨を記載した合意文書が両者の間で締結された。

POINT

長い間の感情的な確執の積み重ねがある上、要求金額の開きも大きい等、当事者間の譲歩が困難な事案であったが、あっせん委員が事業主に対し問題点の指摘を行ったところ、それを機に双方が譲歩を繰り返し、和解が成立した。

| 事例 40 | 疾病を理由に配置転換したことをめぐる助言・指導事例 | 在籍出向、配置転換 |

申出の概要

申出人Ｘ（労働者）は、バスの運行を行う株式会社Ｙのバス運転手として勤務していたが、自律神経失調症と診断されたので上司のＡに申請したところ、バスの運転業務から事務処理業務に配置転換となった。

Ｘは配置転換の際、Ｙと健康状態が正常に戻ったときにはバスの運転手に戻す約束を取り交わしていたので、３カ月後医師から完治した旨の診断書をＹに提出しバスの運転業務に戻すよう申し出たところ、Ｙはこれを拒否した。約束に反するのでバスの運転業務に戻すよう労働局長の助言・指導を求めた。

紛争当事者の主張

申出人Ｘ（労働者）

10年前にバスの運転手として採用され、ずっとバスの運転手をしている。

半年くらい前から勤務後めまいがするので医師の診断を受けたところ、自律神経失調症と診断され、治癒まで数カ月かかると言われた。

バスの運転をこの状態で続けるのは自分でも不安だったので、Ｙに申し出て事務職に配置転換してもらった。しかし、もともとバスの運転手として雇われたし、バスの運転をすることはとても好きなので、治癒したら必ずバスの運転業務に戻してもらう約束をした。

３カ月経って医師の診断を受けたところ、治癒しているので運転業務に支障はないと診断された。診断書をＹに提出したが、治癒したかわからないとか、性格が運転手に向いていないなどを判断した結果戻せないと言われた。

病気は治癒していてバスの運転に支障がないと言われているし、今まで性格のことなどで上司Ａに注意されたことはないのに、復帰させないのは約束に反している。

被申出人Ｙ（事業主）

Ｘはバスの運転手として採用した。

Ｘの配置転換を決定するに当たり、Ｘが性格的に直情的で、攻撃的な口調で話すため、客や同僚と口論となることがあったとの報告書が現場から提出された。また、Ｘの配置転換後、Ｘの従事した事務業務の遂行状況をみると、確かに口調が攻撃的で、同僚からの評判も悪い。しかし、会社としてＸを処分したり、注意したことはない。

Ｘを事務職に配置転換した際、治癒したらバスの運転手に戻すということを確かにＸに伝えた。

Ｘは治癒したと言うが疑わしいと思ってい

る。しかし、指定する医師にXを診断させたことはない。

バスの運転手は乗客の命を預かり、交通上の責任も重く、問題のある者を業務につかせるわけにはいかない。

判断のPOINT

1. 職種が限定されて採用されたか。
   ○ バスの運転手として採用されたことに両者異論はないこと
2. バスの運転手に復帰させないことに合理性はあるか。
   ○ 被申請人Yは申請人Xが治癒していないと疑念を持っていると言いながら、自ら指定する医師の診断を受けさせていないこと
   ○ YはXの性格や言動を復帰拒否理由にしているがこれまで処分も注意も行っていないこと
   ○ Xの性格等を問題としていながら、事務業務には適格性があり、運転業務には適格性がないことに合理的な説明がないこと

助言・指導の内容

バス運転業務に申請人Xを復帰させない理由が健康上の問題であれば、主治医からバスの運転業務に支障がない旨の診断書が提出されているにもかかわらず、被申請人Yの側でこれとは異なる判断を行うに至るYの指定する医師の診断を受けさせる等の所用の措置を講じていないこと、バス運転業務にXを復帰させない理由が事務業務の遂行におけるXの性格や言動を理由としているのであれば、Xが事務業務には適格性が認められるが、バスの運転業務には適格性が認められないと結論付ける十分な理由が示されていないことから、バス運転手に限定して採用されたXを引き続き事務業務に従事させることは権利の濫用となるおそれがあるので改善を図ること。

結　果

指導を受けた被申請人Yは、申請人Xに診断を受けさせ、バスの運転心得について教育する等を行い、成果を判断し、Xをバスの運転手に復帰させた。

【参考裁判例】

○　古賀タクシー事件
（福岡地裁平成11年3月24日判決）
労働契約で職種が限定されている場合でも、配置転換を認める強い合理性が認められ、労働者がこれに同意しないことが権利の濫用とされる場合があるが、本件には強い合理性が認められないとされた。

○　日本テレビ放送事件
（東京地裁昭和51年7月23判決）
同趣旨

| 事例 41 | 身体障害者手帳の交付を機に勤務内容を変更したことの是非をめぐるあっせん事例 | 在籍出向、配置転換 |

| 申請の概要 | 申請人X（労働者）は、浄化槽管理を行う事業場において、正社員として浄化槽の維持管理業務を行ってきたが、手術し、身体障害者手帳（1級）の交付を受けたことを契機に、今年11月1日、会社から①当面維持管理業務から外れた上で事務所で待機すること、②12月1日付けをもって正社員から嘱託社員へ身分を変更し勤務内容も事務所内における雑務係とする、という2点を通告された。
手術前の業務への就業については支障がない旨を医師から診断されているにもかかわらず、身体障害者手帳の交付を受けたことのみを理由にこのような扱いを受けるのは納得がいかず、処遇の改善につき会社側と話し合いたいとして、あっせんの申請を行った。 |

紛争当事者の主張

申請人X（労働者）

今年11月1日に専務に呼ばれ、事務所での待機、12月1日以降の嘱託社員への身分変更および業務内容の変更を通告された。手術する前の業務への就業については支障がない旨の医師からの診断書ももらって会社に提出している。17年間もの長い間正社員として勤務してきたにもかかわらず、障害者であることのみを理由にこのような取扱いを受けるのは納得がいかない。会社の業績が苦しいのは承知しているが、リストラの一環としてこのような措置を行っているのであれば、もっと誠意をもって対応してもらいたい。

被申請人Y（事業主）

Xは身体障害者1級の認定を受けており、何か事が起きた後では、重度障害者を浄化槽管理業務に従事させたとして会社の責任が問われかねないことから、当面、嘱託雇用とした上で、事務所内で雑用の軽作業をしてもらうこととした。近年、受注量が減少しており少なくとも3人の余剰人員を抱えている現状からも、Xを従来の浄化槽管理業務に戻すのは難しい。

あっせんの内容

　あっせん委員が紛争当事者双方と個別の面談の上、主張の聴取を行ったところ、被申請人Yが申請人Xの身分および業務内容に係る変更措置につき撤回は難しい旨を主張したのに対し、Xも事業場の現状から元の業務への復帰は難しく、退職せざるを得ない旨を主張した。そこで、あっせん委員が双方の歩み寄りを図った結果、「Xが退職する一方、Yは退職金の支払い等条件につき申請人の便宜を図る」ことで双方の合意の意向を示した。

　あっせん委員よりその旨を記載した合意文書の作成を提案した結果、両者が合意文書を作成することとなった。

結　果

　申請人Xが12月末日付けで退職する一方、被申請人YはXに対し、退職金規程に基づき会社都合の退職扱いとして計算した退職金および解雇予告手当相当分の和解金を支払うことで、紛争当事者双方の合意が成立した。

　また、その旨を記載した合意文書の作成が行われた。

POINT

1．申請人Xの身分の変更および業務内容の変更につき会社がこれを撤回した上で従前どおりの条件（正社員、浄化水槽の管理維持業務）に戻すことが可能か否か
2．撤回が難しい場合これに替わり会社が講ずるべき適切な代替措置はなにか
が争点となった。
　あっせん途中でXが退職の意向を示したことから被申請人Yも譲歩し、会社都合による退職金に加え解雇予告手当相当分の和解金を支払うことで合意が成立した。

| 事例42 | 事務所移転に伴う勤務場所の変更をめぐるあっせん事例 | 在籍出向、配置転換 |

申請の概要

申請人X（労働者）は、システム部門に勤務していたところ、当該部門が本社所在地から別の場所に移転することになり、新しい勤務場所については、通勤時間が長くなる等の不利益が生ずること、また、当該部門内でいじめ・嫌がらせを受けており、そもそも当該部門での就業を希望しないことから、被申請人Y（事業主）に対して本社の他部門への配置転換を申し入れたが認められなかったため、本社の他部門への配置転換を求めて、あっせんの申請を行った。

紛争当事者の主張

申請人X（労働者）

システム部門は本社ビルの中にある。入社以来、本社ビルで勤務しているが、通勤の便が良く、今後もここで働き続けられるものと思っていた。ところが、システム部門が本社ビルを離れて別の場所に移転することになった。

新しい場所では通勤時間が約1時間長くなり、始業時間も1時間早くなる等、労働条件が大幅に悪化することになり、とても受け入れることができない。また、場所の問題とは別に、そもそも以前からシステム部門内で、上司、同僚から度重なるいじめ・嫌がらせを受けており、職場環境の改善を求めても、何ら改善がされていないことから、当該部門で働く意欲を喪失している。このような理由で、会社に対して、本社他部門への配置転換を申し入れたが、受け入れられなかった。

被申請人Y（事業主）

システム部門の移転は、停電対策、執務環境対策の観点から行うものであり、本社組織としてのシステム部門に何の変更もない。したがって、現在の部門員全員に新勤務場所に異動してもらうことになる。

Xの通勤時間については、確かに現在よりも長くはなるが、せいぜい15分程度長くなるだけであり、首都圏では通常の範囲内である。また、時差通勤も許可できる。したがって、今回の就業場所の異動が特に不利益を与えるものではないと考える。

また、システム部門の職場環境については、Xが主張するようないじめ・嫌がらせの事実はない。適切な指示・助言をしたことを、Xが嫌がらせと取り違えているだけだと思う。

あっせんの内容

あっせん期日において、あっせん委員が紛争当事者双方と個別に面談し、事実関係の確認および意向の聴取を行った。

あっせん委員は申請人Xに対し、まず新勤務場所への通勤が困難という点について、判例では通勤2時間以内は有効とされていること、さらに今回のケースは転居を伴う異動すなわち転勤には該当しないこと、また、被申請人Yは時差出勤を許可する方針であること等の事実関係を示した。

次いで職場環境の問題についても、当事者双方で事実認識が異なり、いじめ・嫌がらせの事実を立証するには至らないことを示した上で、Xがあくまで配置転換にこだわる場合には、業務命令違反として最終的には懲戒解雇もあり得る旨を説明し、Xの意向を聴取したところ「できるだけ良い条件で退職したい」との意向を確認した。

そこで、被申請人Yに対し、紛争の早期解決に向けて、退職条件についての話し合いに応ずるよう説得し、その上で、あっせん委員が両者の歩み寄りを促す解決案を示し、両者の合意をみた。

結　果

以下の事項を退職条件とすることで、紛争当事者が合意した。また、その旨を記載した合意文書の作成が行われた。
○　離職票上の退職理由を退職勧奨とする。
○　退職日を有給休暇を完全に取得し終わった日とする。

【参考裁判例】

○　東亜ペイント事件
　　（最高裁昭和61年7月14日判決、労判477-6）

POINT

企業の一部部署の移転と職場におけるいじめ・嫌がらせの問題がからんだ複雑な状況の中で、申請人Xが本当に望む解決方向をいかに的確に把握するかがポイントとなり、あっせんの場で申請人の本意が示されたことを契機に合意が成立した。

| 事例 43 | 退職届の提出前に退職勧奨が行われたか否かをめぐるあっせん事例 | 退職勧奨 |

申請の概要

申請人X（労働者）は、冠婚葬祭業を行う株式会社で外務員として勤務していたが、腰部椎間板症（私病）を発症して自宅療養をしていたところ、自宅を訪れた支社長に退職を勧められ、5月31日付けで退職届を会社に提出した。退職に応じざるを得なかったのは、会社側の執拗かつ悪質な退職勧奨によるものであるとして、解雇予告手当相当額の和解金の支払い、離職により支給されなかった傷病手当金、自己負担した治療費相当額および未消化の有給休暇8日分の賃金相当額の支払いを求め、あっせんの申請を行った。

紛争当事者の主張

申請人X（労働者）

自らの意に反して退職に応じざるを得なかったのは、営業成績が悪いことを理由に4月以降支社長に執拗な嫌がらせを受けたこと、「腰痛については、離職後も健康保険の継続療養の対象となる」という社長の言葉を信じたことによる。

退職届提出に至るまでの経緯の中で支社長等から受けた言動は、執拗かつ悪質な退職勧奨というほかない。また、退職届を提出した後、雇用期間が1年に満たないため継続療養が認められないことが後になって判明した。このため、6月1日から12日までの傷病手当金の支給を受けられず、6月以降の治療費も全額自己負担することとなった。

未消化の年休についても会社は5月の自宅療養期間の欠勤に充てる旨を約束したにもかかわらず、退職後一転して取得は認められていない。

以上のことから、会社に対し、解雇予告手当相当額の和解金の支払い、離職により支給されなかった傷病手当金、自己負担した治療費相当額および未消化の有給休暇8日分の賃金相当額の支払いを求める。

被申請人Y（事業主）

Xは営業成績が悪いことおよび腰痛により勤務に耐え得ないことを理由に自ら退職したものである。Xの退職に関し、会社側より解雇したり退職勧奨を行った事実はなく、Xの主張には応じられない。

あっせんの内容

あっせん期日において、あっせん委員が紛争当事者と個別に面談の上主張の聴取を行ったが、争点となった申請人Xの退職に至るまでの経緯については、あっせんに先立っての労働局担当者による事情聴取の結果と同様、紛争当事者双方の主張が終始食い違いを見せるに至った。

そこで、あっせん委員が、あくまで退職届提出に至る経過の究明に固執するXに対しては「あっせんは必ずしも事実関係の究明や判断の場ではなく、あくまで双方の互譲に基づく解決を図る場であり、事実関係究明に固執するのであれば裁判によるしかないが、その場合でも必ずしも事実関係が明らかになるとは限らない」旨を指摘する一方、被申請人Yに対して「『退職届作成の時点で健康保険の継続療養が可能である』という誤解が紛争当事者双方にあり、このことが紛争の一因となっている」旨を指摘することにより、双方の主張の譲歩を求めた。その結果、双方の歩み寄りの意向を確認したことから紛争当事者双方に対し、あっせん委員より、本件紛争に関連する金額の具体的な額（解雇予告手当相当額（約12万円）、傷病手当金（約5万円）、自己負担治療費（約1万円）および有給休暇手当（約4万円）の合計額（約22万円））を示した上で「和解金10万円をYがXに支払う」とする解決策の提案を行った。

結　果

被申請人Yが申請人Xに対して、和解金として10万円を支払うことで紛争当事者双方の合意が成立した。また、その旨を記載した合意文書の作成が行われた。

POINT

退職の経緯について申請人X、被申請人Y双方の主張に大きな隔たりがあったが、あっせんの場で双方が退職の経緯にとらわれないかたちで歩み寄り、合意が成立した。

| 事例 44 | 整理解雇対象者が退職金の増額を求めたあっせん事例　― 事業主からの申請 ― | 退職勧奨 |

申請の概要

当社（申請人Y）はマンション販売およびビル管理業であるが業績が悪く、3年連続で経営赤字を計上したため、会社の事業再編、組織の合理化を考えている。本社、支社を併せて合計100名の人員削減を余儀なくされており、被申請人X（労働者）の業務が廃止となったため、退職勧奨を行っているが話し合いが進展しない。5カ月分の退職金の増額を提示したが合意に至っていないため、あっせんで円満に解決したい。

紛争当事者の主張

申請人Y（事業主）

今までA職およびB職の業務があったが、業務内容を見直し、これらの業務を外部委託することとなり、Xもこれにより業務がなくなった。ただし、Xは有能であるので社内の別部署への異動を模索し、いくつか提示しながら4カ月間交渉を続けているが拒否されている。

面談を重ねた結果、Xが異動に応じる可能性が低かったため、通常はあり得ないことだが、退職条件として、5カ月分の賃金を上乗せした退職金を提示した。経営の合理化理由、外部委託および人員削減の必要性と苦渋の決断であることを再三説明するも、「会社の意見はわかるが、他の者を対象とすべきだ」と理解を示さず、裁判をすると主張した。ここ1カ月間、Xとはこのような話しかしていないため、業務指示は行っていないが、賃金は休業補償ということで100％支払っている。

合意退職の条件を交渉したが、Xは12カ月分の退職金の増額に固執しており話し合いが進展しない。退職金の5カ月分増額も破格の条件であり、これ以上の増額は他社員との関係を考慮し、限界である。

被申請人X（労働者）

希望退職や新人不採用などの措置を取っておらず、整理解雇要件が不当であり納得できない。また、退職勧奨に応じやすくするため、嫌がらせのように上司から多大な業務を指示されることがあり、深夜に及ぶ残業も珍しくなかった。このように、整理解雇に至るまでに不当な扱いを受けており、解雇通告を直接受けていないが解雇と同等の扱いであり、退職金の増額請求は当然の権利である。異動に応じなかったのは、賃金が削減されるためである。

あっせんの内容

　退職させるためにあえて業務多忙に追い込むことが事実であれば大変遺憾である。被申請人Xは賃金が下がるとして異動に応じていないが、これをもって整理解雇の要件を満たすかはあっせんの場では判断できない。これを明確にするのであれば、訴訟へ移行するしかないが、申請人Yの経営状況によっては、訴訟を提起してもXの希望の金額になるとは必ずしも言えない。双方、金銭的な歩み寄りを図ってはどうか。

結　果

　被申請人Xは退職金の増額は9カ月分であれば合意するとしたが、申請人Yは他社員から不満が出ないようにバランスを考慮し、6カ月以上は一切応じられないとした。Yが退職日を3カ月間延ばしてその間は休業補償を行い、不足額を補てんすれば実質的な金額は変わらないため、これで合意できないかと提案したところ、Xはこれに歩み寄りを見せ、合意が成立した。

　退職金の増額をめぐり、当事者間で争いがあったが、あっせん委員が双方に対し金銭的な歩み寄りを図ることを提案した。その後も条件面で争いがあったが、あっせん委員が双方の主張を元に調整した結果、合意が成立した。

| 事例 45 | 名誉棄損を疑われ精神疾患を発症したことへの謝罪等を求めたあっせん事例 | 退職勧奨 |

申請の概要

申請人X（労働者）は旅行代理店に長年勤めており、現在は企画課長という役職である。ある日の業務終了後、被申請人Yから呼び出されて自宅待機を命じられ、また、懲罰委員会では会社の名誉を棄損した犯人として疑われた。その後、退職勧奨を受けたためうつ状態になり、通院しながら勤務を続けていたが、医者から長期休業を促されたため、退職届を提出した。

現在に至っても精神的苦痛が続いており、2週間に1回の通院が必要な状態である。このため、会社都合退職の承認、精神的損害に対する補償、今後の生活保障および犯人扱いしたことに対する謝罪を求める。

紛争当事者の主張

申請人X（労働者）

被申請人Yから呼び出され、添乗員の態度が極めて悪い、キャンセル料金の返還が遅いなど会社の名誉を傷つけるような情報が、インターネット掲示板のあちこちに書き込みがあると知らされ、懲罰委員会の処分が決まるまで自宅待機するよう言われた。しばらくしてから出勤を命じられたため出勤したところ、いきなり懲罰委員会で説明を求められ、「このような情報を流したのはお前ではないか。管理職としてどう責任を取るのか」と追及された。また、懲罰委員会では、まさか自分が疑われていると思っていなかったので抗議したが、「自分がよくわかっているだろう。どのように責任を取るつもりだ」と退職勧奨の場となった。

その後、恐怖のあまり体調を崩してしまったため、精神科で診断を受けたところ、精神的な苦痛からうつ状態であると診断を受け、しばらくは薬を飲みながら勤務を続けていたが、退職勧奨が依然として続いたため、退職届を提出してしまった。

過度の退職勧奨により退職させられたため会社都合退職とすること、今後の通院費用など経済的損害に対する補償として年収相当額の400万円、精神的苦痛に対する補償として50万円、証拠もなく犯人扱いしたことやこれまでの対応に対する謝罪を求める。謝罪があれば、金銭補償の金額は譲歩してもよい。

被申請人Y（事業主）

Xは社内情報の大部分を管理している。ある社員から会社の誹謗中傷が行われているという話を聞いたため調べてみたところ、イン

ターネット掲示板に社内情報の書き込みがあり、会社の名誉を傷つけるような内容であった。懲罰委員会で検討したところ、社内情報はＸが管理しているものであるため、まずは自宅待機を命じ、社内の情報管理について調査を行った。この結果を踏まえて再度懲罰委員会を開催し、Ｘから事情聴取を行ったところ、否定も肯定もしない煮え切らない態度であったため、退職勧奨を行った。

懲罰委員会ではＸも含めて一部の者しか知らない情報の書き込みがあるため、情報管理責任者としてどのような責任を取るのかと問い質しただけであり、Ｘが書き込みをしたとは思っていない。ただし、今回の書き込みの削除で社内も大混乱となっているため、Ｘもトラブル処理に協力してほしかった。いずれにしても、誠意をもって対応したい。

あっせんの内容

被申請人Ｙに対し、今までの情報管理体制を放置していれば、顧客情報の漏えいなど、更に大きなトラブルが発生したかもしれないが、今回のトラブルで情報管理体制の見直しにつながったのであるから、あっせんの場で解決したらどうかと伝えた。Ｙは謝罪には応じられないが、この問題解決に向けて会社都合の退職とし、賃金２カ月分相当は支払うとのことであった。

結　果

申請人Ｘは賃金２カ月分では誠意が感じられず、謝罪もないためもう少し上乗せしてほしいとのことであり、被申請人Ｙがこれに歩み寄りをみせ、120万円を支払うことで双方合意が成立した。

POINT

被申請人Ｙの対応に問題がある事案であり、申請人Ｘからの謝罪要求は受け入れなかったが、問題解決に向けて一定の解決金を支払うことには同意した。その後、金額面での調整が行われた結果、双方の合意が成立した。

事例46 減給の制裁が重過ぎる処分か否かをめぐる助言・指導事例

懲戒処分

申出の概要

申出人X（労働者）は、車両製造部品製造を行う会社Y（被申出人）において検品業務に従事していたが、期限までに健康保険証の更新手続のため提出を指示されていたのに提出期限を過ぎて当該保険証を提出したところ、健康保険証の更新手続に支障を来したということと期限に遅れて提出したことに対し反省の色がないという理由で、始末書の提出および1カ月の給与の減給10分の1の懲戒処分を受けた。これは重過ぎる処分なので撤回するよう労働局長の助言・指導を求めた。

なお、申出の時期は、懲戒処分の通知があった直後であり、実際に賃金から制裁金を減給されていなかった。

紛争の背景

1. 申出人Xは数年間正社員として勤務していた。
2. 健康保険証の更新手続のため○月4日に保険証を提出するよう○月2日に掲示板に掲示していた。
3. ○月4日に提出していない者が数人いたので、○月8日までに提出するよう○月7日に被申出人Yの事業所長であるAがこれらの者に改めて伝えたが、○月5、6日は所定の休日であり、○月7日はXが有給休暇を取得していてXには○月8日が最終提出期限であることは伝わっていなかった。
4. Xは掲示板に提出期限が○月4日であると掲示してあることを見落としていた。
5. Aは○月8日にXに対し保険証の提示を求めたが、このときのXの回答ぶりがAには会社に対する反抗的行為と捉えられた。
6. 翌○月9日、AはXに対し懲戒処分として始末書および1カ月の給与に対し10分の1の減給の制裁を文書で通知した。
7. 懲戒理由は、保険証の期限までの提出を守らなかったので更新業務に支障を来したということであり、これに対し、就業規則の「故意に業務の能率を阻害しまたは業務の遂行を妨げたときおよび業務上の指揮命令に違反したとき」の制裁規定に当たり、処分内容としては「減給始末書を提出させ、1回の事案に対する額が平均賃金の1日分の半額かつ総額が1カ月の賃金総額の10分の1の範囲で行う」の適用を行った。
8. Xは数年間の在職中、一度も懲戒処分を受けたことがなかった。
9. 会社は数年間に3件の懲戒処分を行っており、いずれもXに対しての処分内容と同

一であったが、処分対象行為は、度重なる遅刻および無断欠勤と職場内での暴力行為についてであった。
10. 懲戒処分が行われるに当たってXの弁明の機会はなかった。
11. Yには数か所事業所があるが、懲戒処分を行うに当たり上部機関に決済を取る体制ではなく、事業所長が処分を行うことができた。

紛争当事者の主張

申出人X（労働者）

掲示板への掲示は見落としていた。

8日に最終提出期限であることは7日に有給休暇を取っていたので知らなった。

8日に仕事に出ると、Aからいきなり「保険証を提出することになっている。持ってきたのか」と問われたが、「有給休暇を取っていたので持ってくることを知らなかった」と答えると、有給休暇の取得の仕方など関係のないことをいろいろと言ってきた。最後は保険証の提出の件について「申し訳ありません」と謝罪した。

ところが、翌月9日になって懲戒処分を受けた。保険証の提出期限を守れなかったのは悪いと思うが、業務命令を無視するような発言はしていないし、それに対し懲戒処分とは、あまりにも唐突でしかも処分内容が重く、とても承服しがたいので処分を撤回してもらいたい。

被申出人Y（事業主）

Xは、保険証の提出を指示していたにもかかわらず、8日に提出せず、しかも「掲示板に提出するよう掲示していたがこれを見なかったのか」と問うたところXは、「そんなの俺は見たことない。関係ない」などと全く反省の色がない発言を行った。これは、保険証を提出するようにという会社の指揮命令に反する発言であり、悪意があると判断したため、就業規則に従い処分した。

懲戒処分は過去3度行ったことがあるが、本社に処分に際して伺いをたてることはなく必要ではない。

就業規則に従い処分したものであり、特に非難を受ける覚えはない。

判断のPOINT

1. 処分の対象となった業務命令違反および故意に業務の能率を阻害しまたは業務の遂行を妨げた行為があったか。
   ○ 業務命令違反としてAが挙げているのは、Xの発言であるが、AとXとで発言の内容が異なること
2. 懲戒事由が仮にあったとして、減給処分の適用は適当か。
   ○ 減給の制裁は、労働者の生活の糧である賃金を一部支払わないというものであり、懲戒処分のうちでも重い処分と解されること
   ○ Xには過去に処分歴はないこと
   ○ 過去3件の処分内容は遅刻、無断欠勤、職場内での暴力行為といった社会通念上非難されるべき労働者の行為であること
3. 懲戒処分を決定する際に公正さが確保されているか。
   ○ 懲罰委員会等の複数による審査機関は設置されていなかったこと
   ○ Xの弁明の機会が与えられていないこと

助言・指導の内容

　紛争当事者の事情聴取によると懲戒処分の対象となった発言等の非違行為が判然としないことから、懲戒処分という不利益を課すためには事実関係の調査を十分行い、仮に非違行為が認められたときは、就業規則の懲戒事項のどれに当たるのか、どの懲戒処分を適用するのか、Xの処分歴、過去の処分結果およびXの弁明等を考慮し、慎重に判断すること。
　なお、ダイハツ工業事件において、最高裁判所は懲戒権の行使について「使用者の懲戒権の行使は、当該具体的事情の下において、それが客観的に合理的理由を欠き社会通念上相当として是認することができない場合に初めて権利の濫用として無効となる」と判示している。

結　果

　指導を受けた被申出人Y（A）は、再調査し、処分を検討した結果、申出人Xの懲戒処分を撤回し、撤回した旨を掲示板に掲示した。

【参考裁判例】

○　ダイハツ工業事件
　　（最高裁昭和58年9月16日判決）

事例 47	退職金不支給に関する助言・指導事例 　　　　　　　懲戒処分

申出の概要	申出人X（労働者）は、15年間、機械製造を行う会社において旋盤作業に従事していたが、残業時間の短縮の件で班長と口論となり、以後20日間無断欠勤をしたところ、懲戒解雇となり、就業規則に基づき退職金の支給もなされなかった。無断欠勤をして懲戒解雇になったことについては仕方がないが、トラブルの発端が残業時間が多い会社の体質についてであり、退職金を支給しないというのは納得がいかないので、退職金を支払うよう労働局長の助言・指導を求めた。

紛争の背景

1．申出人Xは正社員として15年間勤務した。

2．Xは過去懲戒処分を受けていない。

3．Xの無断欠勤直前の1カ月間の残業時間は約70時間。夜勤が月に6回あった。

4．無断欠勤前日、Xは体調不良を理由に2時間の残業を1時間にするように班長に申し入れたが、拒否され、口論となった。

5．無断欠勤開始後、10回被申出人Y（事業主）はXに電話をかけた。

○　1回目
妻がXは体調がすぐれない旨を回答した。

○　3回目
Xが応じ、「体調がすぐれない」と言ったのに対し、Yは、「それならば病院の診断書を提出し、有給休暇の手続を取るように」と話した（その後Xは診断書の提出も有給休暇の手続も取ることはなかった）。

○　4～10回目
妻が応じ、Yは「このまま無断欠勤が続くとXは懲戒解雇になるので、勤務する意思があるなら出勤するように」と警告した（その後もXは出勤も連絡もしなかった）。

6．無断欠勤20日目に役員等管理者が集まり、Xの懲戒解雇処分および退職金の不支給を決定した。

7．懲戒処分を行うには、就業規則上、労使代表者で開催される懲罰委員会が開催されることになっていたが、開催されなかった。

8．Xは当該処分が決定した翌日に出勤したところ、懲戒解雇処分通知をYから渡された。

紛争当事者の主張

申出人X（労働者）

　残業続きと風邪気味で体調が悪かったので、残業時間を1時間にしてくれるように班長に申し出たが、忙しい時期なので残業してくれといって断られ、口論となった。
　このことで頭にきたのと体調が悪いことで無断で欠勤した。
　病院へ行き、血圧が高い等の診断を受けた。
　会社が懲戒解雇にすることを検討しているということは妻から聞いていた。
　無断欠勤をしたことは反省しているが、人手が足りず、残業時間が多く疲れており、もっと会社は労働者の健康のことを考えてくれてもよかったと思う。会社も悪いところがあるので、退職金が支払われないのはあんまりではないか。

被申出人Y（事業主）

　Xに10回も連絡し、出勤を促したが、連絡もなく無断欠勤を続けた。また、Xは、もともと協調性に欠けており、同僚や上司とときどき口論していた。ただし、仕事自体は手を抜くことはなく、よくやっていた。
　いろいろと考慮したが、会社の秩序維持の観点から許すわけにはいかず、役員等が集まり、懲戒処分と退職金の不支給を決めた。懲罰委員会を開催しなかったのは、無断欠勤が20日にも上れば労働組合も反対すること

判断のPOINT

1. 無断欠勤に対し懲戒解雇の処分は適当か。
　　申出人Xは被申出人Yの度重なる出勤督促にも応じず、有給休暇の手続、診断書の提出等の行為も行わず、連絡もしていなかった。
2. 懲戒解雇処分は妥当であるとしても、退職金を支払わない程の著しく信頼を失わせる行為があったか。
　　○　Yは忙しさを理由にXを含めた労働者全員に相当な残業命令を出していたこと
　　○　Xの無断欠勤の理由が残業時間の多さにあったこと
　　○　Xは健康上問題があり、Yは労働者全体の健康管理に積極的ではなかったこと
　　○　Yは就業規則に規定があるにもかかわらず懲罰委員会を開催しなかったこと
　　○　Xは過去に懲戒処分を受けていなかったこと

ないだろうと判断したからである。残業は、ここ3カ月受注量が増えたため多かった。
　20日も無断欠勤して懲戒解雇を決定したことも、懲戒解雇した者に退職金を払わないことも、就業規則に従い行ったもので、社会通念上も許されるものと考える。

助言・指導の内容

　申出人Xが無断欠勤をしたのは残業をめぐるトラブルが発端であり、被申出人Yはトラブルの原因である残業時間の管理や労働者の健康管理について検討せず、適切に対処していないことが窺えること、Xは仕事を適切に行っていたこと、15年間勤務していたこと等総合的に判断すると、懲戒解雇処分は妥当であるとしても、退職金の全額を不支給にするのは厳しすぎるおそれが大きいと考えられるので、退職金不支給処分について再検討すること。

結　果

　指導を受けた被申出人Yは、再検討し、退職金の半額を申出人Xに支払った。

【参考裁判例】

○　トヨタ工業事件
　（東京地裁平成6年6月28日判決）
　「退職金は、功労報償的性格とともに、賃金の後払的性格をも併せ持つものであることからすると、退職金の全額を失わせるような懲戒解雇事由とは、労働者の過去の労働に対する評価を全て抹消させてしまうほどの著しい不信行為があった場合でなければならない」

| 事例 48 | 業績不振による賃金カットに加え減給の制裁を行っていたことをめぐるあっせん事例 | 懲戒処分 |

| 申請の概要 | 会社の経営不振から、社長以下全社員を対象とした、賃金の一部カットを含む経費削減が数カ月にわたって行われた。その後自己都合退職した労働者が、経費削減が始まる前にあった仕事上のミスのために「始末書」を書かされたうえ、そのミスにかかる懲戒分を賃金の一部カットに上乗せされたことから、不満に思い、会社と話し合ったものの、話し合いがつかず、あっせんを申請した。 |

紛争の背景

被申請人Y社はパソコンソフトのリースを業としており、業績が伸びず経営不振に陥った平成○年○月から数カ月にわたり、社長（100％の役員報酬カット）以下全社員を対象にして賃金の一部カット（減額）を行ったが、その実施に当たって各労働者の了解を取っておらず、減額幅も一律でなく根拠も曖昧なものであった。

申請人X（労働者）は、経費削減が始まる前にあった仕事上のミス（メンテナンス料金の回収怠慢）のために職務怠慢として「始末書」を求められ提出したが、Xは始末書で懲戒処分が終わったと思っていた。なお、Yの就業規則には懲戒処分規程はあるものの、曖昧な規程であった。

賃金の一部カットが始まって4カ月が経過したとき、Xは自己都合により退職したが、日ごろから自分の賃金カット率が他の社員の率に比べ以上に高かったことから、退職時に総務課長に理由を確認したところ、後日説明があり、Xの賃金カット率は20％でそのうち15％が業績不振によるもので、残りの5％は懲戒処分によるカットであるとのことであった。

Xは不審に思い、懲戒処分による賃金カットは根拠がなく受け入れられないとして返却を求め、併せて、他の社員の業績不振によるカット率がどのようになっているか説明を求めた。

さらに数日後、同じく総務課長から、懲戒処分による賃金カット分は返却するが業績不振による15％の賃金カット分は返却しない。他の社員の業績不振によるカット率は、0～15％であるとの説明を受け、Xは、業績不振による賃金カットは根拠が曖昧で自分の15％カットについては納得できない。懲戒処分による賃金カット分を含め、20％カット分全額（1カ月8万円×4カ月分＝32万円）の返却を求めた。

争いのある15％のカット分をめぐって、その後2回行われた話し合いは、平行線に終わったことから、Xがあっせんを申請した。

なお、Yに労働組合はない。

紛争当事者の主張

申請人X（労働者）

懲戒処分はそもそも根拠がはっきりしないものであり、始末書で処分が終わっている。

また、業績不振についても、そもそも経営者責任の問題であり、他の社員が0～15％である中で自分が15％であることに納得いかない。自分としては0％を主張し、20％カット分全額（1カ月8万円×4カ月分＝32万円）の返却を求める。

被申請人Y（事業主）

懲戒処分による賃金カット分は、Xの主張するとおり返却する。

しかし、業績不振によるカット率は、Xについては15％であり、他の社員との均衡上これをゆずる気はない。

あっせんの内容

1. あっせん委員があっせんの場での被申請人Yに対する事情聴取の結果、
   ○ 申請人Xの懲戒処分による賃金カットについては、就業規則の懲戒規程が曖昧で、具体的にXが行った怠慢がどの程度の懲戒処分に当たるかが不明で、かつ、処分を決定するに当たって賞罰委員会等の手続がとられていないなど問題がある。
   ○ 業績不振による減額幅について、4カ月分の全社員の実績から判断するに、減額幅が一律でなく、かつ、個々の労働者ごとの減額率についての根拠も説明がつかないなど曖昧であり、そもそも、賃金カットするに当たって個々の社員の了解をとっていないという問題がある。
   ことがわかり、あっせん委員は、Yに対し、善処をするよう求めた。

2. 一方、あっせんの場であっせん委員はXに対し、Yの主張を伝えた上で、現実的な解決に向けて、譲歩を促したところ、Xは、減額幅が10％ならば了解すると回答した。

結　果

「被申請人Yは、申請人Xに対し、懲戒処分に相当する5％の賃金カット分を返却するとともに、Xにかかる業績不振による減額幅を10％とし減額済みの15％との差の5％分を返却する」ことで和解が成立し、YはXに計16万円を返却した。

POINT

被申請人Y側に相当の問題があったが、すでに全社員に賃金カットが実施され（申請人Xの退社以降業績不振による賃金カットは終わっている）、Yと他の社員との間で問題が起きていないことを踏まえ、双方が現実的な解決に向けて歩み寄り、和解が成立した。

| 事例 49 | 採用しても指導する余裕がないことを理由に内定が取り消されたことをめぐる助言・指導事例 | 採用内定取消し |

| 申出の概要 | 申出人X（労働者）は、職業安定所から紹介され、平成○年3月20日に会計事務所Yの面接を受け、その場で採用が決定され、就業規則と職種、賃金、採用期日を書いた書面を手渡された。しかし、同年3月25日にXの指導ができないことを理由に採用内定を取り消されたため、採用を行うよう労働局長の助言・指導を求めた。 |

紛争の背景

1．申出人Xは大学卒業後、税理士資格の勉強をしていて、ある程度税務知識があった。
2．被申出人Yは、面接後、就業規則および職種、賃金、採用期日を書いた書面を手渡した。
3．Xの採用決定後、税務手続について税務署から重大な誤りを指摘され、すでに在籍している職員を再教育する必要が生じた。

紛争当事者の主張

申出人X（労働者）

仕事は職業安定所を通じて紹介された。

Yと面接後すぐに採用すると言われ、就業規則および職種、賃金、採用期日を書いた書面を渡され、初出勤の日までに就業規則をよく読んでおくように言われた。

しばらく職がなく、採用と聞いたときにはやっと働けることでとてもうれしく思い、周りの人も大変喜んでいたのに採用を取り消されたことで愕然としている。私の能力などのことで断られたわけではないので、何とか採用してほしいと思う。

被申出人Y（事業主）

Xには、面接時に採用と言ったし、就業規則や就業条件を書いた書面を手渡した。

Xは、税理士資格の勉強をしており、ある程度知識があることがわかったので、将来税理士資格を取ってもらって、事務所で税理士として働いてもらえるのではないかと思った。

しかし、その後税務上のことで税務署から指摘があり、緊急にすでに在籍している職員の教育をしなければならなくなり、Xを採用しても業務指導を行う余裕がなくなった。Xの性格や能力に不満があったわけではない。

Xには悪いと思うが、しばらく採用する余地がない。

判断のPOINT

1. 採用内定が行われていたか。
    被申出人Yは、申出人Xに対し、就業規則および職種、賃金、採用期日を書いた書面を渡していること。
2. 採用内定取消しの合理的理由があるか。
    ○ Yは、Xの性格や能力に問題がなかったと判断していること
    ○ Xの採用決定後の状況の変化はあるが、採用できない程度ではないこと
    ○ 採用の条件として何らの解除権留保を付けていないこと

助言・指導の内容

被申出人Yは、Xに対し、就業規則および職種、賃金、採用期日を書いた書面を渡していることから、有効に労働契約が成立していると認められ、また、当該契約には何らの解除権留保も付けられておらず、さらに、指導体制が整わないとしても、ある程度税務能力があるXの採用が困難であるとは認められないので、Xの採用について再検討すること。

結　果

指導を受けた被申出人Yは、申出人Xと話し合った結果、Xに対して補償金を支払うことで和解した。

【参考裁判例】

○　大日本印刷事件
　　（最高裁昭和54年7月20日判決）

事例 50 正式入社前のアルバイト勤務状況を理由に内定取消しをしたことをめぐるあっせん事例

採用内定取消し

申請の概要

申請人X（労働者）はハローワークに記載されていた求人広告を見て応募し、一般機械器具を製造するY社（被申請人）にて正社員として勤務をする予定で、9月1日付勤務の内定をもらっていた。ところが、入社の1週間前に会社に呼び出され、事務所に行ったところ、内定取消しと通告された。その理由として、事業主に「8月は、アルバイトとして週2日か3日は来てもらって、前任者の引継や会社の仕事を覚えてもらうつもりだった。これでは、仕事にならない」と言われた。しかしXは面接時に、仕事の引継等は、自分の来られるときでいいと言われていたため、そのような理由での内定取消しは到底、納得がいかない。経済的損害、精神的損害に対する補償金100万円の支払いを求めたい。

紛争当事者の主張

申請人X（労働者）

9月1日から正式採用となることが決まっており、入社のための準備を進めてきた。面接の際、「仕事の引継等は自分の来られるときでいい。入社してから徐々に覚えていけばいいが、8月は都合のいい日に、できればアルバイトとして仕事をしてほしい」と言われていた。そのため、毎週1日、Y社に行き、仕事を行っていたものであり、週2、3日は来るといった約束はなかった。勤務状況が良くないから内定取消しという理由には納得がいかない。

これから、就職活動をやり直さねばならないので、3カ月分程度の給料（100万円）は補償してほしい。

被申請人Y（事業主）

当初の面接時では、9月1日からの正式採用でなく、その1カ月前からアルバイトとして様子を見て、その後9月1日から正式に採用するかどうかを見る約束であった。

当社としては、特殊な製品を製造している会社であり、技術を習得するのはかなりの時間がかかることはXも分かっていたはずである。

アルバイトとして来るということは、週2、3日は来るのが常識と思うが、Xは1カ月間で3日しか出勤せず、1回は当日に欠勤の連絡があった。

現場責任者と話をしても「続かないであろう」との判断から採用を取り止めた。解雇予

告手当でも支払は1カ月分であり、数日しか勤務していないので、申請人からの要望は受け入れられない。

あっせんの内容

あっせん委員から被申請人Yに対して、アルバイトの場合であっても、雇入れの場合は、労働条件通知書を交付するなど労働条件を明示することが必要であったこと、また、正式採用を拒否するには客観的に合理的な理由が存在し、社会通念上相当として是認される場合に限られることを指摘した。

結 果

両当事者からは解決金について、互いに譲歩の案が出され、最終的に50万円を被申請人Yが申請人Xに支払うことで解決した。

正式入社前のアルバイト勤務の出勤日数や業務引継ぎの方法について、双方に誤解があったことがトラブルの発端となっていた。あっせん委員が被申請人Yに対し、内定取消しのルールを説明したところ、解決金を支払うということで双方が合意に至った。

| 事例 51 | 健康診断未実施を理由とした内定取消しをめぐる助言・指導事例 | 採用内定取消し |

申出の概要

申出人X（労働者）は、ハローワークの紹介で、派遣業を行うY（被申出人）にて採用面接を受け、その場で採用内定の通知を受けた。その1週間後に、就業規則と職種、賃金などが記載された労働条件通知書を交付され、入社前には健康診断を受診するよう連絡を受けた。

その後、健康診断を自費で受け、結果をYに郵送したところ、事業所に呼び出されて採用内定を取り消された。そこで、XはYに採用を行うよう助言・指導してほしいと労働局長に求めたもの。

紛争の背景

Xは、Yに入社前に別の派遣会社で約10年の派遣元の現場責任者としての経験があった。Yは、Xの面接後に就業規則および労働条件通知書を交付しており、入社日も記載されていた。Xは、前の派遣会社でも1年に1回の定期健康診断を受診していたが、特段、就業に差し支えるような問題を指摘されたことはなかった。

紛争当事者の主張

申出人X（労働者）

ハローワークを通じて紹介され、Y社の入社面接では、前職の経験等を高く評価してもらい、その場ですぐに「採用する」といった返事をもらっていた。就業規則や労働条件通知書を交付されたときには、「受け持つ派遣先の会社はA・B・C社を担当することになると思う」等具体的な業務の指示までされていた。自分としては、家族の事情もあり、地元に戻って仕事をしたいと思い、苦労して探した上でようやく決まった就職先であった。家族も喜んでくれた矢先のことであり、愕然としている。

健康診断の結果について、別段就業に差し支えるような指摘を受けたことはなかった。再検査を受けたことくらいはあるが、再検査でも引っかかったことはなかった。再検査も

せずに内定取消しになり、経済的負担とともに精神的損害も被った。採用を行うように助言・指導してほしいが、それが無理なら、それなりの補償を求めたい。

被申出人Y（事業主）

面接時に「採用する」とは言ったが、それがイコール採用内定であるとは我が社では受け止めていなかった。採用する前の健康診断の結果を採用の判断にするのは当然で、Xは当社での就業に耐えられないと判断できる病気にかかっていた。当社では、派遣先での管理業務が多いので、健康診断結果には特に注意している。

ただし、最初の面接時の段階で、人事部長から「採用する」と述べていることは事実であり、Xが採用内定を受けたと考えたことは、自然だと思うので申し訳なく思っている。しかし当社としては採用を行うことはできないので、金銭的な補償により、解決したいと思っている。

助言・指導の内容

被申出人Yは申出人Xに対して採用内定通知書などの文書は交付していないものの、口頭で「採用する」旨を告げている。Xが受けた健康診断の領収書には「雇入れ健康診断」との記載があり、契約が成立していたことを示す一つの根拠となりうる。「雇入れ健康診断」は、入社後の適正配置・健康管理のために行うものであり、採用の判断基準にしてはいけない。以上のことについて、Yについて助言・指導した。

結　果

指導を受けた被申出人Yは、解決金の支払いを行いたい旨を申し出て、申出人Xと話し合いを行ったところ、Xに対して、入社していた場合の給料1カ月分25万円と健康診断の費用1万円を併せた26万円を補償金として支払うことで和解した。

POINT

「雇入れ健康診断」の結果を理由に内定取消しをした事例。「雇入れ健康診断」の性格を被申出人Yに助言・指導したところ、金銭補償で解決することを前提に当事者間で話し合いがもたれ、最終的に双方で合意が成立した。

| 事例 52 | 出社目前の内定取消しに対する補償をめぐるあっせん事例 | 採用内定取消し |

| 申請の概要 | 他の会社に在職中の申請人Ｘ（労働者）が、ハローワークの紹介で応募した会社から約１カ月半後に採用するとする採用内定通知をもらい、それまでの会社を退職したところ、出社１週間前に社長から採用内定取消しの電話連絡があったもの。
労働者は、他の会社を自己都合を理由に退職したことから、失業保険の支給が開始されるまでの賃金補償を求めたのに対し、事業主は、労働基準法上の解雇手続をもとにした解雇予告手当相当額の支払いを回答したことから、労働者が不満に思い、あっせんを申請した。 |

紛争の背景

申請人Ｘは、Ａ社に勤務中、転職を考えてハローワークに求職していたところ、ハローワークから紹介されたＹ社の面接を受け、後日、採用内定通知書を受け取った。

このため、Ｘは、１カ月余り後にＡ社を自己都合により退職し、採用に備えていたところ、採用１週間前にＹ社の社長から電話で、Ｙ社の都合により採用内定取消しの通知を受けた。

Ｘは、すでにＡ社を退職するとともに、当然Ｙ社で働くことと思っていたことから他の会社への就職のあてもなく、自己都合による失業手当支給開始日までの約３カ月間の収入分相当額の支払いをＹ社に求めたところ、Ｙ社は、法定の解雇予告手当相当額をもとに算出した金額（面接時に約束した１カ月分の賃金の約８割）を主張したことから、Ｘが不満に思い、あっせんを申請したもの。

紛争当事者の主張

申請人Ｘ（労働者）

Ａ社もＹ社も二重就職を認めていないことから、Ｙ社の採用内定通知書を受け取った時点でＡ社は辞めざるを得ず、実際、約１カ月後に、Ａ社を自己都合退職した。また、当然Ｙ社を信頼し、他の会社への求職活動はしていない。

Ａ社を自己都合により退職し、失業保険の支給開始時期が遅れるとともに、支給期間も会社都合による金額に比べその分少なくなることから、通常Ｙ社を普通解雇される場合の法定の解雇予告手当相当額では生活への影響が甚大であり、少なくとも、Ａ社を自己都合により退職したあと失業手当の支給が開始される日までの約３カ月間分の（Ｙ社が約束した賃金）相当額の支払いをＹ社に求める。

被申請人Y（事業主）

　Xが、当社を信頼して採用内定を受けてくれたことを心より感謝する。

　しかしながら、昨今の経済情勢から、Xの入社および活躍を期待していた分野の情勢が急変し、仕事のみならずXの採用もままならないことになってしまった。

　Xには大変すまなく思っているところであるが、会社の状況がこのようなことであり、法律で定められたぎりぎりの額しか支払えないのが実情である。

あっせんの内容

　あっせん委員があっせんの場で紛争当事者に対する事情聴取の結果、両者の主張には次のような問題点が認められた。

１．申請人Xの主張の問題点

　XがA社を自己都合で辞めざるを得なかったこと、および生活上の大変さは理解できるところであるが、そのための補償額が被申請人Yと約束した賃金額の３カ月分相当額であるかどうかについては、そのままでは納得できない。

２．被申請人Yの主張の問題点

　採用内定であるにしても、Xがとらざるを得なかったA社の自己都合退職およびYの採用内定取消しによってXが被る損害の程度に比較して、Yが主張する解雇予告手当相当額が妥当であるとは思われない。

　あっせんの途中で、YがXの状況を聞いてXには大変すまないことをしたと、あらためて思っている。とはいえ、会社の状況も大変厳しいところであり、当初主張していた金額にお詫び料として同額を上乗せした額（計1.6カ月分）を支払う旨の提案があり、これを受けて、あっせん委員が両者に粘り強い説得を繰り返したところ、両者が和解した。

結　果

　「被申請人Yは、申請人Xに対し、採用内定時に約束していた賃金額の２カ月分を支払う」ことで和解が成立した。

POINT

　両当事者とも、和解金を支払うことで解決することについて争いはないものの、和解金額に争いがあり、主張する退職金額に隔たりがあった事案。

　あっせんの場で、双方がお互いの状況を知ってそれぞれ歩み寄り、紛糾することなく和解が成立した。

| 事例 53 | 直接雇用から委託会社に引継がれた案件の内定取消しをめぐるあっせん事例 | 採用内定取消し |

申請の概要

申請人X（労働者）は、A社が経営するゴルフ場のコース内の整備業務のパートタイマーとして働いていたが、年度末にA社から「来月から施設の整備業務のみ、専門業者のY社に委託する」と通告された。その結果、XはA社を退職し、Y社（被申請人）に再入社することになった。面接時には、以前とほぼ同様の労働条件の内容で採用するとの採用内定が出された。

しかし、入社の1週間前になって初めて雇用形態が3カ月ごとの有期雇用であることを知らされ、納得いかない旨を話すと、翌日に内定取消しの電話があり、その後不採用通知が届いた。経済的・精神的な損害を被ったので、補償金の支払いを求めたい。

紛争当事者の主張

申請人X（労働者）

勤務していたA社のゴルフ場のコース内の整備業部門が、被申請人Yに委託されることになり、A社を退職することになった。その後、A社の同種職員でY社に転職するものもいたが、私は別会社を探すことにした。しかしその後色々と考えた結果、Y社の面接を受けてみることにした。面接時は、Y社の人事部長が応対して、「勤務先は別のゴルフ場になるが労働条件は以前と変わらない」との説明があったが、雇用契約が有期雇用であるといった説明は無かった。

Y社からは採用内定通知は渡されなかったが、Y社の人事部長に「行かせていただきます」とその場で回答したところ、Y社の人事部長からは、「わかりました。その予定で準備をしておきます」との返事を受けた。

その後、Y社から入社1週間前に、採用に関する書類一式が送付されてきて、その中の労働条件通知書を確認したところ、雇用期間の欄に、有期雇用3カ月の記載があった。すぐにY社の人事部長に電話して、事情を確認したところ、「今回の契約は、3カ月間の有期契約である。更新は会社の事情を考慮して判断する事になるので、更新するかどうかは1カ月前にはお知らせします」と告げられた。「最初に有期雇用であるとの話が無かった。きちんと継続雇用できるよう保証してほしい」旨を話したところ、Y社の人事部長は、「それでは、ウチの会社では働けない。今回の話はなかったことにしましょう」と言われ、一方的に電話を切られた。

いきなり職を失い、これから就職活動をし

ていかなければならなくなってしまったことを考えると、当面の生活費として給料2カ月分、30万円の給料補償を求めたい。

被申請人Y（事業主）

Xとの面接時には、今回の契約が有期契約であることは口頭で説明していた。労働契約書は、従来、入社日に交付していたので、事前に渡していなかった。

今回は途中での入社ということもあり、入社から1週間前に郵送で送付した。他の引き継いだ労働者も全員3カ月の有期雇用であり、当社では途中入社の場合、3カ月雇用としている。Xだけ特別扱いをすることはできない。

あっせんの内容

あっせん委員から、採用面接時に労働条件についてどのような説明がなされたか争いはあるものの、採用を取り消すに至る理由にはならない事案であることをYに説明したところ、被申請人Yは「補償金を支払うことで対応したい」とのことであった。

そこであっせん委員から紛争当事者間の調整を図ったところ、解決金15万円を支払うことで紛争当事者双方が合意した。

結　果

被申請人Yが申請人Xに解決金15万円を支払うことで和解が成立し、合意文書を作成した。

【参考裁判例】

○　大日本印刷事件
　（最高裁昭和54年7月20日判決、労判323号）
○　プロトコーポレーション事件
　（東京地裁平成15年6月30日判決、労判851号）

POINT

1．採用内定が行われていたか。
　　申請人X・被申請人Y両者ともに前の会社からの継続雇用を行うということで、採用内定の意思は確認できる。
2．採用内定取消しの合理的理由はあるか。
　　採用の条件として、何ら解除権留保が付けられておらず、本件の採用内定後の状況も採用できない程度ではない。

| 事例 54 | 期間契約社員の雇止めをめぐり、復職または補償金の支払いを求めたあっせん事例 | 雇止め |

| 申請の概要 | 申請人Xは、1年単位の期間契約社員として印刷会社Y（被申請人）の工場へ入社し、勤務していた。工場長から業務態度不良を理由として11月20日に12月31日付け（契約期間満了日）の雇止めを通告された。できれば今後の継続勤務を希望するが、復職できないのであれば、経済的損害に対する補償として100万円を求めたい。 |

紛争当事者の主張

申請人X（労働者）

工場長からは勤務態度が悪いと言われたが、他の労働者の勤務態度と比較すると、雇止めしなければならないほどではないと考えている。できれば復職をして勤務を続け、正社員になりたいと考えているが、復職できないのであれば、経済的損害に対する補償として100万円を求めたい。

また、入社時に、ゆくゆくは正社員としての雇用を考えていると説明を受けたが、契約社員として3年以上勤務した者を対象に社内試験が実施され、これをパスしなければ正社員になれないことを最近になって初めて知り、出勤態度、勤務成績がA評価等という条件ということも同僚から聞かされて知った。この説明が入社前にあれば、採用が決まっていた他の会社へ就職した。このほか、12月に入ってから一方的に夜勤から日勤へ勤務時間を変更され、今までもらえていた手当もなくなり、勤務変更の際にもなんの説明もなく、賞与の支給もなされなかった。これらの会社の落ち度も含めて、今後の経済的な補償をして欲しい。

被申請人Y（使用者）

Xに対しては従来から教育指導、育成に努力してきたが、改善が見られなかったため、最終的に雇止めにすることとした。今回は契約期間満了に伴う雇止めであり、通常の解雇ではない。この判断は会社にとって非がないものと考えており、雇止めの基準に沿って30日以上前に予告も行っている。

賞与については、退職することが前提であったため不支給としたが、出勤状況や勤務成績等を評価した上で就業規則の規定どおり支払う。このほか、入社時の説明が不十分だったことも一理あるため、次の就職先が決まるまでの生活保障として、1カ月分の賃金相当額は支払うつもりである。

あっせんの内容

　申請人Xに対し、被申請人Yの主張の概要を伝え、さらに、雇止めの基準に即した形で雇止めが通告されており、手続上の瑕疵が見受けられない可能性が高いことを説明した。これに対してXは、「賞与はもちろん規定どおり支払っていただきたい。このほか、少なくとも2カ月分の賃金相当額を補償してほしい」との申出があった。Yはこれに対し、「このような補償を行った前例がないため、1カ月分の賃金相当額が限度である」と申し立てた。

結　果

　当事者双方の意見の調整を行った結果、賞与は就業規則の規定どおり、勤務成績等を考慮した上で適正な額を支払うことを前提に、被申請人Yが申請人Xに1カ月分の賃金相当額を支払う旨の合意がなされた。

POINT

　会社側が雇止めの基準に従った予告を行っており、手続上の不備はなかった。
　そのうえで、賞与を支払うこと、1カ月分の賃金相当額を支払うことを条件に、双方で合意が成立した。

【参考告示】

有期労働契約の締結、更新及び雇止めに関する基準

（雇止めの予告）

第1条
1. 使用者は、期間の定めのある労働契約（当該契約を3回以上更新し、又は雇入れの日から起算して1年を超えて継続勤務している者に係るものに限り、あらかじめ当該契約を更新しない旨明示されているものを除く。次条第2項において同じ。）を更新しないこととしようとする場合には、少なくとも当該契約の期間の満了する日の30日前までに、その予告をしなければならない。

（雇止めの理由の明示）

第2条
1. 前条の場合において、使用者は、労働者が更新しないこととする理由について証明書を請求したときは、遅滞なくこれを交付しなければならない。
2. 期間の定めのある労働契約が更新されなかった場合において、使用者は、労働者が更新しなかった理由について証明書を請求したときは、遅滞なくこれを交付しなければならない。

（契約期間についての配慮）

第3条
1. 使用者は、期間の定めのある労働契約（当該契約を1回以上更新し、かつ、雇入れの日から起算して1年を超えて継続勤務している者に係るものに限る。）を更新しようとする場合においては、当該契約の実態及び当該労働者の希望に応じて、契約期間をできる限り長くするよう努めなければならない。

III 個別労働紛争解決事例

事例 55　労働契約の更新拒否をめぐり和解金の支払いを求めたあっせん事例

雇止め

申請の概要

申請人X（労働者）は、サービス事業を営む株式会社の支店の嘱託職員として、1年間の雇用期間の定めのある労働契約を反復更新し、10年間にわたり勤務してきたものであるが、契約更新時期（毎年5月末）を1カ月以上も経過した7月5日に、突然、会社より「契約期間の6カ月間短縮およびその後更新を行わないこと」を一方的に通告された。これを拒否したにもかかわらず、11月30日付けをもって雇止めとされた上に、退職の際に引き継ぎを行わなかったことを理由に退職金についても減額する旨を通告されたことから、これらを不服として、退職金規程に基づく満額の退職金および賃金1カ月分相当額の補償金の支払いを求め、あっせんの申請を行った。

紛争当事者の主張

申請人X（労働者）

10年前にパート職員として採用され、労働契約の期間3カ月の契約を反復更新し、引き続き7年前に嘱託職員に身分替えされ、1年契約で主として清掃業務に従事してきたものである。紛争に至る直前の契約期間は、昨年6月1日から本年5月31日までであった。

契約は、Yより契約期間の終期に、口頭で「来年度も頼みます」などと言って更改の意思が示され、それを承諾したことにより成立しており、手続的には当該契約期間に入ってから、「労働契約書」なる書面をもって確認が行われていた。

本年度において、組織統合による人員削減が行われることなどの事情は前もって情報提供されていたものの、Yが明確な契約更新の条件提示を行うことなく、1年間の契約を更新したものと理解し、6月1日から従来と変わるところなく業務に従事していた。

ところが、7月5日に6カ月間の労働契約の期間を明記した「労働契約書」が被申請人から提示され、「これに署名してください。次の契約はしません」などと意思表示したため、「契約は1年であり、すでに就労していることからも、6カ月間雇用には応じられない」として所属長等に申し立てたが、撤回されなかったものである。その後も当事者による話合いをもったが不調に終わった。

契約書を作成しないまま10月まで継続勤務をしていたので、本年度の契約は期間の定めのない契約であったと判断していたところ、10月31日、解雇予告通知書により「11月30日をもって解雇する」旨を通知された。

あっせんの内容

申請人Xおよび被申請人Yに個別面談の上、あっせん委員が紛争の経過について尋ねたところ、紛争の発端となったXの解雇にかかわる経過については、紛争当事者双方ともあっせん申請書に記載されている内容に争いはなかった。その上で各人がそれぞれの主張につき次のように申し述べた。

Xは、「今回の紛争はすべて会社の手続の瑕疵により発生したものであるので、解雇されたことにより被った経済的損害および精神的苦痛を償ってもらうための措置として、月額給与2カ月分の金銭の支払いを求める。また、会社は解雇日直前に有給休暇を取得したことにより引き継ぎ等が正常に行われなかったとして退職金を20％減額すると言ってきた。正当な権利を行使したものであり、退職金は当然100％支給されるべきである」と主張した。

一方、Yは、「契約更新時期が遅延したことは十分反省し、Xに謝罪をした。ただ、Xが引き継ぎを行わなかったことで会社も損害を被ったのも事実である。退職金は100％支給するがそれ以上の金銭の支払いは不可能である」と主張した。

紛争当事者双方の主張内容を踏まえ、あっせん委員は、Yに対してXの請求内容について受け入れ可能な部分がないか打診したところ「退職金を100％支給すること以外に金銭を支払うことは不可能」との旨を申し立てた。

これを受けXは「紛争のこれ以上の長期化

契約更新時期を1カ月以上も経過するまで契約内容変更の話が一切なければ、今までの経過から判断して従来どおりの契約が継続されることを期待するのが当然である。家計もそれにより計画を立てていたため、今回の解雇により12月以降6カ月間の収入が閉ざされ、金銭面はもちろん精神的にも大きな打撃を受けた。

今回の紛争はすべて会社の手続の瑕疵により発生したものであるので、解雇されたことにより被った経済的損害および精神的苦痛を償ってもらうための措置として、月額給与2カ月分の金銭の支払いを求める。

なお、補償額を月額給与2カ月分としたのは、今までお世話になったことと会社も統合等により大変な時期にきていることを考慮し妥協した上での金額である。

被申請人Y（事業主）

前契約が終了する5月末までに次回契約の説明ができなかったことは大変申し訳なく思っている。しかし、Xの方にも、11月1日以降契約期間満了の同月末日までの全労働日について有給休暇を取得、正常な引き継ぎを行わず、会社の業務に多大な支障を与えた等の瑕疵があると思われ、本来であれば退職金は20％程度減額して支給したいところであるが、本紛争の発端が当方の手続の瑕疵によるものなので、退職金の100％支給までは妥協できる。しかし、それ以上の金額の上乗せは他の労働者との均衡上不可能と思っている。

は望まない。できれば年内にすっきりしたい。退職金を100％支給することを明確に文書で交付してくれれば和解したい」旨を申し立てた。

一方、Yは「この場での文書作成はできないので、あっせん案として文書で提示してもらえば後日署名する」旨を申し立てた。

結　果

あっせんの結果、申請人Xが和解金の支払いについてこれ以上請求しない旨を譲歩する一方、被申請人YがXに対して退職金規程に基づく額どおりの退職金40万円を支払うということで、紛争当事者双方が合意する意向を示したため、後日、あっせん案を作成し、双方に提示を行った。その後、紛争当事者双方ともあっせん案を受諾した。

POINT

雇止めの撤回に代えた和解金の支払いおよび退職金規程に基づく満額の退職金の支払いが争点となったもの。

あっせんの場で、被申請人Yが満額の退職金を支払うと譲歩したところ、申請人Xも雇止めの撤回に代えた和解金の支払い要求を放棄して合意が成立した。

| 事例 56 | 私傷病での休職を理由に雇止めされたことをめぐる助言・指導事例 | 雇止め |

申出の概要

申出人X（労働者）は1年単位の有期契約社員としてY社（被申出人）に入社し、精密機械の組立加工を行う部署に配属された。入社して5年ほど経過した頃、業務終了後に帰宅したところ自宅で倒れ、そのまま救急車で搬送された。脳出血と診断を受け、現在は医師の指示どおり休職している。

休職していたところ会社に呼ばれ、次回の契約更新はしないと言われた。賃金や職種を変更しても構わないので今後の契約更新を望むとして助言・指導を申し出た。

紛争当事者の主張

申出人X（労働者）

3月から脳出血により休職しており、休職中に契約期間が満了したが、契約は更新され、次期の契約期間は4月1日から3月31日までとなっていた。現在も医師の指示に基づき、月に数回は通院している。

3月20日に会社へ呼ばれ、「いつ職場復帰できるかわからないため雇止めする。理由は就業規則第25条に記載してあるとおりだ。退職後は健康保険から傷病手当金の支払いがあり、病気が完治したら再度雇用するので連絡してほしい」と言われた。完治後に再雇用するという話は信用できず、傷病手当金がいくら支払われるのか説明もない。賃金や職種などの労働条件を変更しても構わないので、契約更新を希望する。

被申出人Y（事業主）

Xは以前から病院に行くとの理由で休むことが多く、3月から休職している。病院へ通っているのであれば診断書を提出するように指示していたが、一度も提出がないため本当に通院しているかわからず、病気を治す意思があるのか疑わしい。また、傷病手当金支給申請に係る関係資料を提出するよう指示しているが提出がないため、手続ができない。雇止めは休職の状況と今後の人員配置の観点から本社及び関連会社と相談し判断した結果である。再度本社と協議するが、短期間で契約期間を設定し、更新していくことは可能かもしれない。

協議した結果、当初どおり打ち切る場合には、今後の生活もあるため、今は病気を治すことが重要であると考えている。回復後に連

絡をいただければ、優先的に採用を検討したい。Xは、リーダーシップを発揮するキャラクターであり、業務を熟知しており技術もある。会社としても新規に教育する必要がないため、再雇用は真実の言葉として受け取ってほしい。

助言・指導の内容

被申出人Yに対しては、雇止めの基準により、契約更新せずに雇止めする場合には少なくとも30日前までには雇止めの予告をする必要があるが、これがなされていないことを説明し、併せて、契約期間についてもできる限り長期とすることを前提に本社と協議し、再度当事者間で話し合うよう助言した。

なお、申出人Xに対しては今までどおり1年単位の契約更新を望むのであれば、話し合いのときに主張し、診断書や傷病手当金申請の必要書類は会社に確認して提出するよう伝えた。

結　果

当事者間で話し合った結果、雇止めは撤回され、4月1日から3カ月ごとの契約更新することとなった。また、最低月1回は会社へ行き面接を行い、医師の診断書等の関係書類を提出するということとなり、いずれは元の1年契約に戻れるよう双方努力することとなった。

会社の「回復後連絡があれば再雇用する」という言葉を申出人Xが信じられなくなりトラブルになった事案である。被申出人Yは雇止めの基準に従った手続をしていない点を説明し、双方に譲るべき部分を指摘したところ、雇止めを撤回することで合意に至った。

事例57 約束した契約の更新がなされなかったことをめぐるあっせん事例

雇止め

申請の概要	Y社会福祉法人（被申請人）でケアワーカーとして勤務する申請人X（労働者）は、契約期間の満了に伴い、更新のための面接を受けたが、契約の更新は行われなかった。 Xはこの結果に納得がいかず、Y法人に対し契約の継続を訴えたが、拒否されたため紛争に発展し、不満に思った労働者があっせんを申請した。

紛争の背景

申請人Xは、契約期間1年のケアワーカーとして平成○年10月からY社会福祉法人に勤務していた。理事長から、「来年もよろしくね」と言われ、次年度の業務についてもいろいろ相談を受けていたので、契約期間については期待をもっていた。その後、翌年8月に契約更新のための面接を受けたところ、結果は不合格であり次年度の契約はされないこととなった。

紛争当事者の主張

申請人X（労働者）

期待を持たされていただけに、契約の更新がなされなかった精神的・経済的ダメージは大きく、1年契約の期間満了に伴う補償として、解雇予告手当相当額（1カ月分賃金相当額25万円）と慰謝料で、合わせて75万円を要求する。

被申請人Y（事業主）

Xとは期間の定めのある契約をしており、期間満了による退職と考えている。

Xに対しては「来年の面接も受けてください」と言っただけで、採用するとは言っていない。次年度の事業についても、参考のため全員から聴いている。面接の結果、他の応募者に比べ、ケアワーカーとしての資質が足りないこと、また、家庭の事情で残業ができない日があることなどが不採用の理由である。採用者の補充については、当法人の財政状況からも絶対にできない。和解金は10万円程度なら何とかなる。

あっせんの内容

あっせん委員は、双方に紛争解決の意思があるかどうかの確認を行い、「被申請人Yは申請人Xに対して、解決金として金30万円を支払う」とする和解策を提案した。

申請人X

要求している金額について、Y社会福祉法人が財政上支払える額と比べて妥当か。

被申請人Y

理事長が自ら「来年もよろしく」というような言い方をするなど、Xに過度の期待を持たせるようなものであり、手続上の不備がある。

結　果

当事者双方とも納得し、あっせん内容に基づく合意が行われた。また、その旨を記載した合意文書が両者の間で締結された。

POINT

感情的な確執があり、当事者間の話し合いが困難で、あっせん申請を行った事案。
あっせん委員が両者の問題点を指摘したところ、双方が金銭的解決の意向を示し、さらに、補償金額についても双方が譲歩を繰り返し、合意が成立した。

事例 58 後任者への引継ぎまで退職を認めないとしたことをめぐる助言・指導事例　　**自己都合退職**

申出の概要	申出人Ｘ（労働者）は化粧品販売会社Ｙ（被申出人）に勤務していたが、急に実家の家業を手伝わざるを得なくなったため退職を決意、退職届を提出し受理された。しかし、後任がなかなか決まらず退職させてもらえないので、円満退職できるように助言してほしい。

紛争当事者の主張

申出人Ｘ（労働者）

　Ｙ社に入社してから５年経つが、父親が病気で倒れたため、急に家業を手伝わざるを得なくなった。

　そのため、７月中旬に８月末日を退職日とする退職願を提出し受理された。会社は後任者を探していたが、条件が合わない等の理由で後任者を採用できずにいた。元々ぎりぎりの人数で業務をしていたので会社も困り、後任者に引継ぎをしてから退職するように言われたが、私は家業を手伝う必要があるのでこれを拒否した。

　副社長に事情を説明し、予定どおり８月末日付で退職したい旨を伝えたところ、「引継ぎもしないで退職するなんて社会人として考えられないので退職は認められない。退職日を引き延ばしてくれ」と言われた。私は一刻も早く家業を手伝いたいので、何とか円満に退職できるように助言・指導してほしい。

被申出人Ｙ（事業主）

　事情はＸからも聞いたが、退職届を受理後にきちんと後任者に引継ぎを行うよう伝えていた。引継ぎをせずに退職することは業務に支障を来す。退職届受理後すぐに後任者を探しているが未だ採用できていないので、８月末日付けの退職は後任者の採用と引継ぎの期間を考えると認められない。とにかく、会社としては後任者に引き継いでもらうまできちんと働いてもらわなければならないと考えている。

助言・指導の内容

　申出人Xは、退職日である8月末の1カ月以上前の7月中旬に退職届を提出し、受理されており、民法上の問題はなく、また、家業を手伝うため退職せざるを得ない事情がある。

　このほか、未だ後任者が採用できていない現状で引継ぎが終わるまで退職させないということは、退職を慰留する理由にならない。Xの要求を受け入れて希望どおり8月末での円満退職としてはどうか。

結　果

　助言を受け、被申出人Yから「本人の希望どおりXの8月末日付けでの退職を認めるので、本日、離職票等の退職手続に来るように連絡する」との回答があった。処理結果をXに伝えたところ、「会社から連絡があり、すぐに退職の手続のために会社に行った。希望どおり8月末で退職することとなったので、助言を申し出てよかった」とのことであった。

POINT

　後任者への引継ぎができないため、被申出人Yは申出人Xの退職を認めなかったが、会社の対応の問題点を指摘した助言を受け入れ、最終的にはXの希望どおり退職を認めることとなった。

| 事例 59 | 後任が入社し育つまで退職を認めないとしたことをめぐる助言・指導事例 | 自己都合退職 |

| 申出の概要 | 申出人X（労働者）は精肉卸売会社Y（被申出人）に、正社員として入社し、3年ほど勤務していたが、賃金額や労働時間に不満があったため、退職届を提出したところ、「後任が入社して育つまでは辞めさせない」と言われ、退職届は受理されず、話し合いにも応じてくれない。
円満に退職したいと考えているため、助言・指導を求めたい。 |

紛争当事者の主張

申出人X（労働者）

精肉卸売会社で精肉の運送業務を行っており、アルバイトとして入社し、その半年後、正社員として採用され、3年ほど勤務していた。結婚を考えているのだが、賃金額や労働時間に不満があったため、転職を決意し、1週間後の退職日を記載した退職願いを提出したが上司に退職を慰留され、受理を拒否された。このため、再度11月20日に12月15日付けの退職届を提出したが、上司から「この忙しい時期に退職したいとはどういうことか。後任が入社して育つまでは辞めさせない」と言われ、退職届は受理されなかった。

話し合いに応じてほしいと伝えたが聞く耳を持ってくれない。この会社は労働条件が悪いため人の出入りが激しく、いつになったら辞めることができるのかわからない。円満に退職したいと考えているため、間に入って話をしてほしい。

被申出人Y（事業主）

精肉の運送担当の人員が不足している状態であり、そのうち3人から同時に退職したいとの申出があった。ほかの2人に対しても退職を慰留するよう伝えているが、Xも会社の状況を分かっているはずであり、考え直してほしい旨を伝えている。年末年始のイベント等で需要が多くなる12月中旬に退職されては会社の業務に支障を来すこととなり、顧客に迷惑がかかる。就業規則にも原則として、1カ月以上前に申し出ること、少なくとも14日前までと定めている。できれば繁忙期を過ぎる1月末までは残ってほしいと考えている。

助言・指導の内容

民法第627条において、期間の定めのない雇用契約における解約の申入れが定められており、退職の申出を行ってから2週間を過ぎると退職の意思表示が有効となるとしており、これは文書、口頭を問わない。また、月給制の会社であれば、月の前半に退職を申し出た場合は当月末に、月の後半に退職を申し出た場合は翌月末に、退職は成立するとしている。

申出人Xは12月15日付けの退職を望んでおり、業務の都合があるのであれば、退職日については話し合いに応じるつもりがあると主張している。これらを踏まえた上で、早急に話し合いの場を設けること。

結　果

助言・指導を行った翌日、被申出人Yから申出人Xに対して連絡があり、Xが会社へ赴き、話し合いを行った。現在の仕事の進捗状況や業務の引き継ぎを考慮した結果、退職日は希望どおり12月15日となり、退職届も受け取ってもらえた。

その後、12月15日をもって円満に退職することができ、離職票も早急に交付してもらえた。

【参考条文】

民法第627条
1．当事者が雇用の期間を定めなかったときは、各当事者は、いつでも解約の申入れをすることができる。この場合において、雇用は、解約の申入れの日から2週間を経過することによって終了する。
2．期間によって報酬を定めた場合には、解約の申入れは、次期以後についてすることができる。ただし、その解約の申入れは、当期の前半にしなければならない。
3．6箇月以上の期間によって報酬を定めた場合には、前項の解約の申入れは、3箇月前にしなければならない。

POINT

助言者が民法第627条の規定内容と趣旨を被申出人Yに説明し、申出人Xが退職日については考える余地があるとしていることを伝えるなど、両者の間を取り持って調整を行ったところ、Xは円満に退職することができた。

| 事例 60 | 採用選考の方法をめぐる助言・指導事例 | 募集・採用 |

申出の概要

申出人X（労働者）は、清掃業を営む被申出人Yの募集広告を見て応募したが、Yが職業安定所の紹介を受けてから来てほしいというので、職業安定所で紹介状を持って再び面接に行ったところ、すでに別の人に採用を決定したことを理由に面接を断られた。選考の方法に納得がいかないため労働局長の助言・指導を求めた。

紛争の背景

1．被申出人Yは清掃業務従事者○人の定員で求人広告を出していた。
2．Yは別に職業安定所にも求人登録をしていた。
3．申出人Xの応募の際にはYは誰の採用も決定していなかった。
4．Xが再度面接に来たときには求人広告に記載していた○人の定員の採用が決定されていた。

紛争当事者の主張

申出人X（労働者）

Yの募集広告を見てすぐに面接に行ったところ、Yは採用面接をせずに、職業安定所の紹介状を持って来るように言われた。なぜ、いちいち職業安定所の紹介状がいるのか不思議に思ったが、こんなことで抗議して面接が受けられなくなるのもつまらないと思い、職業安定所の紹介状を持って再び面接に行ったところ、今度は採用を締め切ったと言われた。こんな募集の仕方は間違っているので、今後このようなことのないようYを指導してほしい。

被申出人Y（事業主）

Xに職業安定所の紹介状を持って来てくれと言ったのは、職業安定所にも求人登録をしているし、職業安定所が紹介してくれれば、安心だと思ったからである。

他の面接者にもそのように言っていたが、採用した者全員が紹介状を持って来た者ではない。

Xが再度面接に来たときは、募集人員に達していた。

判断の POINT

1. 採用面接を受けるに際し職業安定所の紹介状を条件とする理由はあるのか。
   ○ 職業安定所の紹介状は事業主がいう身元を保証する性格のものではない。
   ○ 実際、事業主は、申出人と前後して面接した者で紹介状を持っていなかった者を採用している。
2. 事業主の採用基準は公正な選考の面から明確であったか。
   ○ 職業安定所の紹介状の扱いを含め、明確でなかった。

助言・指導の内容

職業安定所の紹介状は求人者の身元、職務遂行能力を保証するものではなく、単に紹介者が求人に応募する意思があることを書面にしたにすぎず、また、紹介状を持って来ていない者も採用していることから、わざわざ紹介状をとりに行かせる必要は認められず、指示どおり紹介状を持って来た申出人Xに対し不利益を生じさせたので、今後、採用基準を明確にし、公正な選考を行うこと。

結　果

指導の結果、被申出人Yは紹介状にかかわらず、公正な選考を行うことを約した。

事例 61 　内定後に経営状況が悪化したため、内定取消しをしたことをめぐる助言・指導事例

募集・採用

申出の概要

申出人X（労働者）は、新聞の求人広告を見て、建設土木工事業を請け負う会社Y（被申請人）に応募し、Yへ面接に行ったところ、Yから電話があり、「来月20日から仕事に就いてほしい。後日に勤務時間や給料額等の労働条件を明示する」との連絡を受けた。その後、Yから文書で労働条件の明示を受けたが、1週間後にいきなりYより、「採用取消し通知」の文書が届いた。Xとしては、突然の事態変更に憤りを感じ、契約どおり採用してほしいと思い、労働局長に助言・指導を申し出たもの。

紛争当事者の主張

申出人X（労働者）

Yからは、入社予定日の1カ月以上前に入社を承諾する旨の連絡を受けていた。業種が違う他の数社からも内定を受けていたが、Yに入社することを決めたため、他の会社には断りの連絡を入れてしまっていた。

採用が決定して以降、建設業の仕事に役立つ勉強を行う等して入社の準備をしてきた。しかし、入社4日前に会社から、「採用取消し通知」と記載された文書1枚が送付されて、全てご破算になってしまった。

Yに電話したところ、担当者は「状況が変わってしまった。申し訳ないが、今回の採用は取消しになる」とのことであったが、状況が変わった理由についての明確な説明は無かった。この突然の事態に憤りを感じるし、契約どおり勤務できるようにしてほしい。それがどうしても無理だということであれば、次の就職先を見つけるまでの生活保障をしてほしい。

被申出人Y（事業主）

面接では、2名の採用を決定し、後日電話で入社日を伝えた。しかし、その後、見込んでいた大きな工事が何カ所か中止となる等、採用を差し控えせざるを得ない状況になってしまった。そのため、速達で採用内定取消しの文書を郵送した。

Xには、急なことで大変申し訳なく思っているが、今いる従業員もワークシェアリングするなど、会社の経営状況はXらの採用決定時に比べ格段に悪くなってしまった。雇用の確保は難しい状況で、新規に労働者を採用することはできないので、補償金を支払うことで対応したい。

助言・指導の内容

申出人Xは、就労の準備を進めていたのに、郵便で届いた採用内定取消しの通知文で、それが覆されてしまったことに非常に困惑している状況であること、また不採用にするのであれば、被申出人Yにその理由について説明を行う義務が生じる。Xは他社の内定が決まっていたが、それを断ってこの会社を選んでおり、両当事者で、雇用を行うのか、補償金の支払いを行うのか等について十分に話し合いを行うことを助言した。

結　果

助言を受け、両当事者で話し合いを数回行った。話し合いの最中に、被申出人Yが新たな顧客先と契約が成立し、状況が好転したこともあり、申出人Xは当初の就労予定日の1カ月後から勤務することで話し合いがついた。

POINT

採用内定後に会社の経営状況が悪化し、やむなく内定を取り消した事例。被申出人Yの内定取消しはその理由を申出人Xに十分に説明しないなど手続に問題があり、両当事者間で話し合うよう助言・指導がされた。最終的には会社の経営環境が好転し採用することで決着した。

事例 62　有期雇用契約の反復更新時に派遣先の休日日数が増えたことに対する補償を求めたあっせん事例

労働者派遣

申請の概要

申請人X（労働者）は、派遣会社Y（被申請人）に派遣社員として登録していた。当初は、1年の有期雇用契約で自動車部品を製造するA会社で働いていたが、その後の雇用契約の更新は6カ月、3カ月と短くなり、最終的には雇止めとなった。当初は1カ月の休日は10日であったが、更新後はその都度のシフト表により左右され、月12～15日に休日日数が増加してしまった。

反復更新時に就労日数がなしくずし的に増加してしまったことは納得がいかないとして、補償を求め、あっせんを申請したもの。

紛争当事者の主張

申請人X（労働者）

私は派遣会社Yにて約3年、派遣労働者として雇用されていた。当初は、雇用契約期間が1年であったのに、その後は、6カ月、3カ月と短くなっていった。契約更新後の勤務シフト表では、休日日数が少しずつ増加するようになり、月により増減はあるものの、1カ月平均で2日間ほど増やされた。

3年ほど勤めたが、先月にYから「次回の更新はしない」と言われて、雇止めになった。勤務中は状況が改善されることを期待して我慢していたが、雇止めになってしまい、その期待を裏切られた気持ちがしている。時期により変動はあるが、派遣先Aでの仕事量は減っていないと感じていたのに、雇止めの理由の欄に「Aの業績不振によるため」と書かれていたので、心情的に納得がいかなかった。

雇止めについては、前からYと話をしていた部分もあるので、仕方がないと思うが、休日日数は最初の1年間と比べると、約2年間で62日間増加した。これによる減収が50万円ほどになると思うので、その分の補償をしてもらいたい。

被申請人Y（事業主）

Xは、派遣先Aの正社員とトラブルを起こしたり、無断欠勤することが度々あった。そのため派遣先Aと調整して、作業班を替えたり、作業時間をシフトしたり、また同業種の他の派遣先を紹介する等、対応に苦慮してきた。

雇止めについては、派遣先Aの製造課長に暴言を言ったことが原因であり、Xとしても納得しているはずであるが、休日日数が就労期間中に増加したことは事実である。これについては、Xの求めに応じて、使用していな

い有給休暇30日分（日給8000円なので、24万円）を買い上げて補償に当てた分もある。このあっせんの場で、補償の問題を解決したいと思っている。

あっせんの内容

　申請人X、被申請人Yともに「休日日数増加分に対する賃金相当額の金銭補償」を行うことで主張が一致していた。

　まず、あっせん委員から、Xに対し「休業手当であれば、6割以上の支払いとなること、また有給休暇の買い上げが行われていることから、金額は検討の余地があるのではないか」とのことを伝えた。

　その後、あっせん委員がYと面談したところ、Yは「補償金額は、休日増加分を休業手当の支払いとしたい。本来、法的に必要ではなかった有給休暇の買い取りを返還した場合、休業手当との差額が約16万円（(50－24)×0.6＝15.6万円）となるので、その位が基本と考えている」との意向を申し立てた。あっせん委員から、XにYのその意向を伝えたところ、Xは「雇止めになったことも心情的に考慮してほしい。20万円以上なら、和解したい」との意向を表明した。

　あっせん委員からYにXの意向を伝えたところ、Yは50万円から、有給休暇買上分24万円を差し引いた、26万円の支払いに応じるとの意向を表明した。これにXが応じて、和解が成立した。

結　果

　被申請人Yが申請人Xに対して、和解金として26万円を支払うことで合意が成立した。またその旨を記載した和解文書を作成した。

　申請人の休日日数増加分に対する損失をどのように補償するかがポイントであった。あっせんの場を通じて、あっせん委員から法的な解釈を紛争当事者に示したところ、両者が歩みより、合意が成立した。

事例63 派遣先の契約破棄で就労できなくなった損失を派遣元が補償するよう求めたあっせん事例　　**労働者派遣**

申請の概要	申請人X（労働者）は、被申請人Yの派遣事業に派遣社員として登録しており、派遣先が決まったため、労働契約を締結したところ、派遣期間の前日になって突然契約を解約された。このため、派遣就労ができなかったことにより生じた損失をYに補償してほしいとして、あっせん申請を行った。

紛争当事者の主張

申請人X（労働者）

Yの派遣事業に派遣社員として登録しており、事業所○○に派遣されることが決定し、3カ月の労働契約を締結していたところ、事業所の都合で、就労日の前日になって突然契約を破棄された。

苦情を申し立てたところ、「すぐに代わりの仕事を見つけ、優先して紹介する」旨の回答があった。その後、3カ月以上経過するが、条件に合う紹介はなかった。

決まっていた派遣就労ができず、また代わりの仕事も紹介されなかったため、派遣契約期間中の休業手当として3カ月分の賃金額の支払いを請求するものである。

被申請人Y（事業主）

派遣先の都合で、予定していた仕事がなくなってしまった。その後、代わりの仕事を紹介すべく努めたが、申請人の専門性、希望労働条件等に適合する仕事を紹介することができなかった。大変申し訳なく思っている。事実関係については、おおむねXの主張のとおりである。当方としても、納得できる要求には応ずるつもりであるので、あっせんの場で話し合いを促進してもらいたい。

あっせんの内容

事実関係については双方で争いがなかったことから、あっせん期日において、あっせん委員が紛争当事者双方に個別に面談の上、和解金の額等、被申請人Yが講ずべき具体的な措置について、主張の調整を行った。

申請人Xは、派遣就労により得られたはずの金額（賃金3カ月分）を要求するところ、Yは、現実に派遣就労を提供する責務を負うものではないものの、本件労働契約の期間における派遣労働者の生活を保障する趣旨で申請人に新たに就職先を紹介するよう努める義務があること、また労働基準法上の解雇手当

が賃金1カ月相当額であること等を考慮し、申請人の平均賃金の1.5カ月分相当額をもって双方に歩み寄りを求めた。

結　果

被申請人Yが申請人Xに対して、和解金として平均賃金の1.5カ月分相当額である38万円を支払うことで合意が成立した。また、その旨を記載した和解文書を作成した。

【参考裁判例】

○　エキスパートスタッフ事件
　（東京地裁平成9年11月11日判決、労判729-49)

事実関係については争いがなく、申請人Xが派遣就労できなかったことによる損失をどのように補償するか、和解金の額をどのように決めるかがポイントとなった。あっせんの場で、双方は、関連法律を参考に歩み寄り、譲歩し、合意が成立した。

| 事例64 | 派遣労働者を派遣先が直接雇用に切り替えるかどうかの人事をめぐる助言・指導事例 | 労働者派遣 |

申出の概要

申出人X（労働者）は、派遣元A会社から、派遣先Y社（被申出人）において電子部品の組立工場の作業員として、3カ月の有期契約更新により勤務していた。

入社後、派遣先Yの製造課長より正社員登用の話があったものの、一度は立ち消えになった。今年に入り、Yが「正社員」募集の求人広告をハローワークに出したため、Xは応募を希望したところ、Yの製造課長から「あなたは派遣社員だから、応募しても採用できない」と止められた。一時期は正社員の登用の話があったのに、応募も出せないことに失望し、派遣先Yに対する不信感が募り、結局、退職した。

退職はしたものの、このような雇用管理はおかしいと思い、Yの本社総務課宛に今回の経緯をメールで送り、回答を求めたが、1カ月経っても回答がない。今回の経緯について、派遣先Yの製造課長および本社総務課にきちんと回答をしてくれるように、助言・指導してほしい。

紛争当事者の主張

申出人X（労働者）

高校を卒業後、正社員として勤務したかったが、思うような採用がなかったので、今回、派遣労働者として派遣先Yで働くことになった。仕事自体は自分に合っていたようであり、現場の人たちにも認められ、入社して1年が経過した頃には、Yの製造課長から、「正社員でやりたいとは思わないのか」と声をかけられ、「なれるのであれば、ぜひなりたい」と即答したところ、製造課長は「じゃあ、総務課に伝えておくよ」と言われ、何度か正社員の人と同じラインに入り、同様の作業を任されるようになったので、正社員になれるかもしれないと期待を抱いていた。しかし、その半年後、大手の取引先が倒産した影響もあり、Y社自体の人員削減の話も出たりして、そういう感じではなくなった。

しかし今年に入り、社内報で、正社員の募集をハローワークに掲載することを知ったので、製造課長に「応募していいですか」と確認したところ、「君は派遣だから、応募して

も難しいよ。派遣元との関係とかいろいろあるし、厳しいと思う」等と、前とは全く違うトーンで話をされ、ショックを受けた。

その後は仕事のやる気が失せ、製造課長とも気まずくなってしまい、結局退職した。しかし、一連のY社の対応には納得がいかなかったので、退職前にYの本社総務課宛に今回の経緯で不満に思った点をメールにした。メール本文に1週間以内に返事を依頼していたが、その後退職して1カ月を過ぎても、未だに返信はない。

Yに対しては、製造課長および本社総務課に、私の人事についてどのように考えていたのか、またメールに対して回答をくれないのはなぜなのか、回答を求めたい。

被申出人Y（事業主）

○ 製造課長

こちらからXに対して、「正社員にならないか」、と打診したことはない。当初からXが正社員になりたいという気持であったことは知っていたが、正社員と派遣社員の違いはX自身、よくわかっていたはずである。

Xは、仕事に対してすごく真面目であったので評価はしていたし、今後の彼のためにもなると思って、いろいろな仕事を経験させてきたが、正社員の登用とは別問題である。

○ Y本社総務課

Xから受けたメールについては、派遣元Aおよび当社の責任者とも協議の上、Xに電話で話をした。人事に関して、Xが誤解している面があったので、当社としては詳細な説明を行い、誤解を解消できるようにきちんと回答したところである。当社としては、Xに直接、複数回電話で話をしているので、すでに回答は済んでいるとの認識である。

助言・指導の内容

　申出人Xはメールに対する回答が無いと申し出ており、被申出人Yはすでに回答済である等、両者の言い分が食い違う点が多くあった。そのため、きちんと両者で話し合いを行い、メールの回答に対しては、Xの求めに応じて文書でYはこれに応じることを助言した。またXが述べる、正社員としての勤務を希望しているのに、派遣元との関係からその採用をしないとすることは、採用に関しての権利の濫用となるおそれがあることを指摘し、改善を促した。

結　果

　申出人Xと被申出人Yが、直接面談して、話し合いを行った。Yから「Xの人事に関しては、製造課長が個人で判断して正社員の登用の話を持ち出したものであり、総務課としては、内容を把握していなかった。この点は謝罪したい。今後、同様の事態が発生しないように雇用管理を改善し、管理の徹底に努めていく」との説明および謝罪があったことを受け、Xは「回答書を受け、また謝罪もしてもらい、すっきりした。今は別の会社に勤めているので職場の復帰は求めていない。今後、同様の事態が起きないように雇用管理を徹底してください」として、納得した。

POINT

　派遣先の雇用管理において、現場部門と本社の管理する範囲が明確に定められておらず、人事権のない製造課長が個人の判断で動いてしまったことで、労働者の誤解を生んでしまった。双方が話し合いの場を設けた結果、誤解が解け、解決した。

事例 65 派遣先の変更が認められず残存雇用期間分の補償を求めたあっせん事例 （労働者派遣）

申請の概要

申請人X（労働者）は、派遣事業を行う被申請人Yの契約社員として、○○大学図書館に派遣されていたが、派遣先の責任者が高圧的であるなど職場環境が悪いことから、派遣元に対し職場環境の改善を求め、それができないなら派遣先を変更するよう申し入れたが聞き入れられなかった。このため、退職することとしたが、残存雇用期間について補償してほしいとして、あっせん申請を行った。

紛争当事者の主張

申請人X（労働者）

Yとは、派遣事業に係る契約社員（1年間）として労働契約を結んでいる。派遣先は○○大学の図書館で、受け入れ目録の作成業務を行っている。

派遣先の責任者が高圧的で、暴言を吐いたり、些細なことで怒鳴ったりする。このような職場環境ではこれ以上働くことはできないと考え、派遣元であるYに対して職場環境の改善、それが難しいのであれば派遣先を変更するよう申し入れた。

その後、職場環境の改善について具体的な措置はみられず、派遣先の変更についても何の対応もとられない。これ以上働き続けることは困難であり、退職することとするが、残りの契約期間（4カ月）についての補償として100万円の支払いを求める。

被申請人Y（事業主）

派遣先の職場環境の問題については、以前から問題点を整理して改善を行ってきたところであり、Xからの苦情にも真摯に対応してきたつもりである。

派遣先の変更についても、「別のところは探すが、すぐには見つからないので、それまでは今のところでお願いします」と伝えて、承諾されたと理解していた。

当社としては、できるだけの改善を行ってきており、Xにも引き続き働いてほしいと思っているが、現在の派遣先では働けないと言われて即座に別の場所を見つけられるわけでもなく、困惑しているところである。

この問題については、紛争調整委員会のあっせんの場で解決を図りたい。

あっせんの内容

あっせん期日において、あっせん委員が紛争当事者双方に別個に面談の上、和解金の額等、被申請人Yが講ずべき具体的な措置について、主張の調整を行った。

あっせん委員より申請人Xに対して、退職しても次の仕事がすぐに見つかるという保証がない以上、期限をきって他の派遣先を見つけることをYに約束させた上で、現在の派遣先での仕事を続けることが得策ではないかとの説得を行ったが、Xは、派遣先での仕事を続けることはできない、また、Yとの労働契約を継続することも望まないとの意思であった。

このため、和解金の支払いでの解決を進めることをYに説明したところ、Yも和解金の支払いに同意した。

和解金の金額については、労働基準法の解雇予告手当の額等を考慮し、30万円をもって双方に歩み寄りを求めた。

結果

被申請人Yが申請人Xに対して和解金として、30万円を支払うことで合意が成立した。また、その旨を記載した和解文書を作成した。

【参考裁判例】

○ エキスパートスタッフ事件
（東京地裁平成9年11月11日判決、労判729-49）

POINT

申請人Xが退職せざるを得なくなった状況をどう判断し、そのことによる損失をどのように補償するか、和解金の額をどのように決めるかがポイントとなった。あっせんの場で、Xの退職の意思が強いことから、和解金による解決の方向で双方の歩み寄りがあり、合意が成立した。

| 事例 66 | 派遣先の安全衛生管理不備にかかる補償を求めたあっせん事例 | 労働者派遣 |

申請の概要

申請人X（労働者）は、派遣元Aから派遣され、派遣先の食料品製造業を行う被申請人Y食品にて働いていたが、派遣されてから1週間経過した頃、食材をカットする機械を使用していた際に誤って右手第1指を切断した。XはYに入社する前は当該作業に従事したことがなく、入社時に安全衛生教育はなされなかった。また機械には、指が誤って入らないようにするための安全カバーなどが付けられていなかった。

Yにそのことを抗議したが、話がうまくいかず、紛争に発展し、不満に思ったXがあっせんを申請した。

紛争当事者の主張

申請人X（労働者）

派遣元Aから派遣先Y食品に派遣された。派遣された初日、社長から、「周囲の作業員と一緒に、仲良く作業をするように」と言われたが、特段、具体的に作業に当たっての安全衛生教育等はなかった。自分が行う作業は、食料品のライン製造であったが、ベテラン作業員からも安全な作業のために特段の指示はなく、各ラインにも作業手順書やマニュアルのようなものはなかった。

初めての食料品のライン製造現場ということで不慣れではあったが、周りの作業員は、聞けば教えてくれるので、何とか作業自体は行うことができた。食材をカットする部分の歯がむき出しで危ないのではと周りの作業員に言うと、「カバーがあったら、邪魔で仕事にならない」と取り合ってもらえず、不安に思っていた。1週間ほど経ち、少し慣れてきたと思ったところで誤って機械に右手第1指を挟まれ切断してしまい、休業が数カ月必要と診断された。

機械に安全カバーを付けなかったこと、安全衛生教育が行われていなかったこと、今回の事故について謝罪がないこと、以上の点から、精神的な慰謝料として100万円を請求したい。

被申請人Y（事業主）

派遣元Aから、今回の派遣を受け入れる際には、「食料品製造業の経験が10年以上あるベテラン」を受け入れるつもりで依頼していたのに、どういうわけか溶接工の経験があるXを受け入れることになってしまった。これは、派遣元Aと当社との連絡調整が間違っ

ていたことが原因であると感じている。Xを配属したライン製造現場には、作業責任者2名を配置しており、今回、Xは当該作業に従事するのは初めてであったとのことだったので、被災するまでの1週間、必ずどちらかが付いてやり方を教えながら、作業を進めるように指示を出していた。

今回の被災時は、機械の定常点検中に作業責任者がその場から数分間離れた時に、Xが、怪我を負ったものである。その際に、確かにカバーは付いていなかった。今回の労災事故でXは、労災保険から休業補償が支給されているが、Xは会社の管理責任のことで話がしたいと、連日会社に来て困っている。早急に解決を図りたい。

あっせんの内容

あっせん委員から、被申請人Yに対し労災事故への補償についてどのように考えているか質問したところ、「今回は派遣元が適切な労働者を派遣して来なかったことも原因としてあると考えている。派遣元とも相談したが、併せて30万円程が限界である」旨を述べたため、あっせん委員から、今回の事故は労働安全衛生法に違反した労働災害が直接原因となっていること、仮に裁判ということになれば会社が行うべき安全配慮義務を問われ、支払われるべき金額はかなり高額となることを指摘し、双方の歩み寄りを求めた。

結　果

被申請人Yは、派遣元Aと協議した結果、申請人Xの気持ちを最大限考慮し、60万円を払うことで双方が合意し、その旨の和解契約書を交わした。

POINT

派遣先の安全衛生管理不備にかかる補償を求めた案件で、当初当事者の金額の隔たりが大きかったが、あっせん委員が事業主側（派遣先・派遣元）の問題点を指摘したところ、双方が譲歩し、解決金を支払うことで和解が成立した。

III 個別労働紛争解決事例

事例 67 出向者の退職金の算出方法をめぐるあっせん事例

その他

申請の概要

申請人X（労働者）は、24年前より親会社がA株式会社であるBホテルに勤務していたが、11年前の7月以降、同じく親会社がA株式会社であるYホテル（被申請人）に出向し、以降退職に至るまで勤務していた。今般、12月末日をもってYホテルを退職するに当たり、退職金額が出向元、出向先における勤務期間をそれぞれ分けて算定されていることから不当に低くなっているとして、2つのホテルにおける勤務期間を通算した上で算定した額での退職金の支給を求め、あっせん申請を行った。

紛争当事者の主張

申請人X（労働者）

退職金額をYホテルに確認したところ、「Yホテルに出向する際、Bホテルを退職したという取扱いになっている。11年前の7月までのBホテルにおける勤務期間をもとに算定した額が100万円、それ以降のYホテルにおける勤務期間をもとに算定した額が260万円であり、合わせて360万円である」旨を回答された。

Yホテルはあくまで出向という形で異動したものであり、退職金は2つのホテルにおける勤務期間を通算して算定して支給してほしい。また、退職金の算定に当たってはYホテルの退職金規程を適用してほしい（試算額700万円）。

被申請人Y（事業主）

11年前に新設されたYホテルの社員は、全員親会社であるA株式会社の出向者で構成されることとなっていた。そのため、Xについても、Yホテルで働いてもらうに当たっては、いったんA株式会社の社員に身分を切り替えた上でYホテルに出向させたものである。また、BホテルとYホテルとでは、退職金の算定基礎となる基本給の額等申請人の勤務条件も全く異なっている。このような経緯から、XのBホテルとYホテルにおける身分は全く違っているといえ、退職金額の算定に当たっても、各々の勤務期間を分けた上で計算した。

あっせんの内容

あっせん委員が紛争当事者双方と個別に面談の上主張を聴取した。申請人Xは、「Yホ

テルに移るときも退職届等を書いていない。退職ではなく、出向で来たので退職金は当然勤務期間を通算して支払われるものと思っていた。Yホテルの退職金規程を適用の上、2つのホテルの勤務期間を通算して計算すると700万円支払ってもらえることとなる」と主張した。

これに対し、被申請人Yの事業主は「XはBホテルの現地採用社員であったが、ホテルの社員は全員A株式会社の出向者で構成される予定であったので、いったんA株式会社の社員に身分を切り替えた後Yホテルに出向させたものである。XのBホテルでの身分とYホテルでの身分は全く違っており、また、退職金の算定基礎となる基本給の額等も全く異なっている。したがって退職金の計算に当たってBホテルの勤務期間とYホテルでの勤務期間を分けて計算したものである」と主張した。

あっせん委員が、出向に当たりXのBホテルでの身分はどうなったか質問したところ、紛争当事者双方とも「退職届は出していないし、退職金の清算もなく、Bホテルに出向後も勤務内容は同じだった」という回答であった。

そこで、あっせん委員は、Yに対しては、「XのYホテルへの出向時における経緯から判断すると、退職金額の算定に当たり勤務期間を分けて考えるのは無理がある」旨、Xに対しては「11年前まで勤務していたBホテルでは採用形態、勤務条件等がYホテルと全く異なることから、Yホテルの退職金規程の適用には無理がある」旨、各々問題点を指摘、これら問題点を踏まえた上での、双方の譲歩につき打診した。

打診の結果、Yから就業規則において「出向者については出向元の勤務期間を通算し、出向元会社の規定を適用する」とあるので、その規定に基づく退職金580万円を支払いたいと申出があった。Xの意向を確認したところ、Yの申出内容に合意した。

結　果

被申請人Yが、申請人Xに対し、出向元のBホテルの退職金規程に基づき、Bホテル入社時からYホテル退職時までの勤務期間を通算した上で計算した退職金580万円を支払うことで合意した。また、その旨を記載した合意文書の作成が行われた。

申請人Xは、BホテルからYホテルに出向、以降退職時までYホテルに勤務しているものであり、その退職金額の算定に当たり、①2つのホテルにおける勤務期間を通算して計算するのか、各々のホテルにおける勤務期間ごとに分けて計算するか、②出向前のBホテルの退職金規程、出向後のYホテルの退職金規程いずれが適用となるか、という2点が争点となった。あっせん委員が双方の主張にいずれも問題がある旨を指摘したところ、双方が譲歩し合意した。

| 事例 68 | 収支決算時の不足金を全額労働者に損害賠償させようとしたことをめぐる助言・指導事例 | その他 |

| 申出の概要 | 申出人X（労働者）は、飲食業を営む被申出人Yに使用されて調理業務と店の出納管理業務を行っていたが、飲食店が売上げ不振から事業を閉鎖することになり、Yが収支決算を行ったところ約10万円不足していることが判明したので、不足金の全額をXに支払うように要求した。Xは自分の責任を認めつつも、Yが不足額の全額を要求するのは納得できないとして労働局長の助言・指導を求めた。 |

紛争の背景

1．申出人Xは調理業務および店の売上金、物品支払い等の出納管理を行っていた。
2．被申出人YはXに出納管理を任せきりで、Xから出納報告を受けることはなかった。

紛争当事者の主張

申出人X（労働者）

Yにおいて数年間勤務してきたが、この間、調理の仕事と日々の売上金と支払い等の金銭管理を行ってきた。

Yは出納簿を見ることはなく、自分に任せきりであった。売上金はその日のうちに夜間金庫に預けていた。着服といった不正行為は行っていないが、長い期間のうちなので売上金の計上等に間違いがあったかもしれない。金銭管理を任されている責任上、賠償の義務があることは理解するが、全額負担というのは納得がいかない。

被申出人Y（事業主）

○年前に店を開いたが、最近売上げがめっきり落ちたので閉鎖を決意した。閉鎖のため出納簿をチェックしたところ最終的に約10万円の不足金が発覚した。出納簿のチェックは金銭管理をXに任せてきたのでやっていなかった。

Xに金銭管理は任せてきたのだから、Xに差額を支払わせるのは当然であると思う。ただし、Xが不正を行ったとは思っていない。

判断の POINT

1. 事業主が経営する飲食店の出納管理が適切であったか。
   調理業務を担当する社員が出納管理を行っていたが、事業主は、当該管理を社員に任せっきりにしていた。
2. 出納管理を任されていた社員の民事上の責任をどこまで問えるか（不足金全額の返済義務を負うのか）。
   社員といえども、委任された職務権限の範囲内で賠償責任を負うが、事業主の管理責任も問われるべきであり、これらを比較考量すると社員に全額の賠償責任を負わせることは適当でない。

助言・指導の内容

委任された職務権限の範囲で労働者といえども民事上の責任を負うという基本的な考え方は正しいが、労働者が会社の指示に従った業務を行っているかという会社の管理責任も問われる。本件については、申出人Xの業務内容をチェックする体制が被申出人Yになかったのだから全額の賠償を労働者に行わせるのは適当ではなく、賠償割合について再検討すること。

結　果

助言の結果、被申出人Yは自らの管理責任を認め、申出人Xには損害賠償を要求しなかった。

事例 69 雇用保険の補填をめぐるあっせん事例 〔その他〕

申請の概要

申請人X（労働者）は、被申請人Yを退職し、雇用保険の支給手続を行ったところ、事業所Yが雇用保険の加入手続を怠っていたため、本来であれば受けることができたよりも少ない給付しか受けることができなかった。このため、その差額をYに支払ってほしいとして、あっせん申請を行った。

紛争当事者の主張

申請人X（労働者）

事業所が雇用保険加入手続を怠ったため、加入期間が短くなり、本来であれば180日分の失業給付を受けることができたのに、90日分の給付しか受け取ることができなくなった。また、これに付随して、再就職に対する教育訓練を受けた場合、教育訓練費用の一部が支給される教育訓練給付の受給資格を失った。

公共職業安定所にも相談したが、行政処分の時効である2年間が経過しており、加入年月日の遡及は行えないとのことであった。

このため、本来の給付額との差額である90日分の失業給付額40万円および教育訓練給付の限度額30万円（当時）を合わせた70万円の弁済を請求する。

なお、当方が関係書類の提出を怠った事実はあるものの、事業所が公共職業安定所との調整を怠ったことがトラブルの根本的原因である。

被申請人Y（事業主）

Xが入社した際、雇用保険加入の手続をするため、関係書類の提出を再三指示したにもかかわらず、Xは提出を怠っていた。Xが速やかに関係書類を提出していれば、このようなトラブルは発生しなかったものと考える。

ただし、その後、公共職業安定所に相談したところ、当該関係書類がなくても手続が可能であるとの説明を受け、加入手続を行った経緯があり、Xが関係書類を提出しない状況を踏まえ、速やかに公共職業安定所に相談していればトラブルは回避できたわけで、その点では当方にも非があると認識している。

あっせんの内容

あっせん期日において、あっせん委員が紛争当事者双方に個別に面談の上、双方の主張を確認したところ、双方に以下のような問題点があった。

被申請人Y

雇用保険加入手続の遅れについては、基本的には事業主であるYの責任であり、Yは申請人Xに対し何らかの補償を行う必要があると考えられること。

申請人X

何度も督促を受けながら、手続に必要な関係書類を提出しない等の落ち度があると判断されること。また教育訓練給付については、Xが指定講座を受講した場合のみ補填される性格のものであること。

あっせん委員は、双方に問題点を指摘しつつ、和解金で解決を図ることについて双方の合意を取り付けた上で、和解金を「失業給付の差額40万円についてXの落度にかかる相殺を行った35万円」とする提案を行い当事者双方の歩み寄りを求めた。

結果

被申請人Yが申請人Xに対して和解金として、35万円を支払うことで合意が成立した。また、その旨を記載した和解文書を作成した。

POINT

雇用保険加入手続の遅れに係る責任所在の見極め、当事者双方の落ち度をどのように和解金額に反映させるかがポイントとなり、失業給付の差額について申請人Xの落ち度にかかる分の相殺を行った金額を和解金とすることで合意が成立した。

事例 70 セクハラの被害者が解雇されたことをめぐる助言・指導事例

セクシュアルハラスメント

申出の概要

綜合警備会社であるY社に雇用されている申出人X（労働者）は、B会社に派遣され、管理室で勤務していた。

B社の社員からセクハラを受けたので、Y社に相談したところ適切な対応がされていないだけでなく、B社からなされた退職勧奨を拒否すると、Y社から解雇を言い渡された。納得がいかず復職したいとして労働局長の助言・指導を求めた。

※現在は、均等法の規定に基づき労働局の雇用環境・均等部（室）で調停（援助）を行っています。

紛争の背景

綜合警備会社であるY社に雇用されている申出人Xは、平成○年4月1日から、B株式会社に派遣され管理室で勤務していた。

その年の7月にB社に勤務する者全てが参加する懇親会に出席したところ、B社の男性社員Zが裸になって、Xに抱きついてきた。

あまりのショックに、このことについてB社の人事担当責任者に相談したところ、8月にZの処分を行うことを条件に、この件を口外しない旨の念書を交わした。その後、12月にB社からXに対し退職勧奨が行われたが拒否すると、Y社から12月末日での解雇を言い渡された。その後、XはY社がB社への派遣を今年度末で撤退することになったことを知らされた。

紛争当事者の主張

申出人X（労働者）

セクハラの件については、8月に念書を交わしており、それ以上問題にするつもりはなかったが、その後解雇を言い渡された。それは、セクハラの件が引き金になっているとしか思えず、他に納得のいく理由がなく、解雇される覚えはないので復職させてほしい。

被申出人Y（事業主）

8月にB社とXとは、念書を交わしていると聞いているので、新たな話し合いに応じる必要はないと考える。

解雇したのは、Xのために当社がB社への派遣から撤退せざるを得なくなったためである。

判断の POINT

Y社の解雇は妥当だったのか。

セクシュアルハラスメントを受けた社員のために取引先を失ったことを理由として当該社員を解雇することに合理性は認められない。

助言・指導の内容

被申出人Yが申出人Xに対して行った解雇には合理性がないと思われることから、Yは、Xと再度話し合うこと。

結　果

助言の結果、申出人Xと被申出人Yの間で再度話し合いがもたれ、その際、XはB社およびY社がとったこれまでの対応から、もはや継続して勤務する気持ちがなくなったとして、解雇の手続（予告手当）、慰謝料の支払いおよび治療費（急性神経性胃炎）の支払いを求めたところ、被申出人Yもこれに応じ、以下の内容で和解した。

① 解雇予告手当　　20万円
② 慰謝料の支払い　22万円
③ 治療費の支払い　 3万円

POINT

セクシュアルハラスメントを受けたことをきっかけに解雇された事案であるが、当該解雇には合理性がないことを会社側に助言・指導したところ、両者が話し合いを行い、所定の金額を労働者側に支払うことで和解が成立した。

事例 71　申請人の復職と慰謝料を求めたあっせん事例

セクシュアルハラスメント

申請の概要

Y株式会社に勤務する申請人X（労働者）が、支店長から受けたセクシュアルハラスメントについて会社の責任を求めたが拒否されたため紛争となり、Xが会社に対し慰謝料等を求めて、あっせんを申請した。

※現在は、均等法の規定に基づき労働局の雇用環境・均等部（室）で調停（援助）を行っています。

紛争の背景

申請人Xは、Y会社A支店にパートタイム労働者として採用された。

その後、A支店の支店長から半年間にわたって執拗に身体を触る等のセクハラを受けた。

Xはその精神的苦痛から、胃痛、頭痛、不眠症が続き、休職せざるを得ない状況に追い込まれた。XからY社に対し、この件についての責任を追及したところ、Y社の人事部長は支店長のセクハラ行為は認めたものの、会社としての責任は一切認めようとしなかった。

紛争当事者の主張

申請人X（労働者）

Y社に対し、セクハラを受けたことにより休職せざるを得なかった期間の給与、通院等の治療費および精神的苦痛に対する慰謝料として500万円の支払を求める。

（内訳）
① 休業期間中の給与（半年分）
　　　　　　　　　　　　　　 120万円
② 精神的身体的苦痛に対する慰謝料
　　　　　　　　　　　　　　 360万円
③ 治療費（関係諸経費を含む）
　　　　　　　　　　　　　　 20万円

被申請人Y（事業主）

Xに対して、A支店の支店長が行ったセクハラ行為は、社内調査の結果大筋で認める。

しかしこの件に関しては、会社の対応についてXに謝罪するとともに、支店長を降格しすでに人事異動も行ったところである。

仮にXがもっと早く相談すれば、このような深刻な事態にもならず、早期解決が図られたところであり、慰謝料等としての500万円の要求額は過大である。200万円の支払いが限度であり、これ以上の要求を行うのであれば裁判で争うこととしたい。

あっせんの内容

あっせん委員が、紛争の当事者双方に個別面談の上、申請人Xが復職を希望していることから、
① Xの休職期間
② 休職手当の額
③ 慰謝料の額
など、被申請人Yが講ずべき具体的な措置について、当事者双方の主張の調整を行った。

---あっせん案---
当事者双方に対し、①Xを1カ月後に復職させること、②YがXに対し、慰謝料として200万円支払うこと。

結　果

当事者双方とも、あっせん案を受諾した。

POINT

当事者双方とも、セクハラの事実と慰謝料の支払いについては争いがないものの、主張する慰謝料の額に大きく隔たりがあった事案。
「申請人Xが復職するとともに、被申請人YがXに対し、休業補償および治療費を含む慰謝料を支払う」とするあっせん案を双方とも受諾し、合意が成立した。

| 事例72 | セクハラを上司に相談したことにより解雇されたことをめぐるあっせん事例 | セクシュアルハラスメント |

| 申請の概要 | Y会計事務所に勤める申請人X（労働者）が、社長からセクハラを受けたため、上司に相談したところ、上司とともに解雇された。解雇の撤回を求めたが、拒否されたため紛争となり、XがY事務所社長に対し、謝罪と和解金の支払いを求めて、あっせんを申請した。 |

※現在は、均等法の規定に基づき労働局の雇用環境・均等部（室）で調停（援助）を行っています。

紛争の背景

Y会計事務所に勤務する申請人Xは、当事務所の社長から、指輪やカバン等高価な品物をプレゼントされるようになった。受け取れないと返しても、机やロッカーに入れたり、自宅にまで送られたりするようになった。

また、夜間も自宅に頻繁に電話をかけて、行動をチェックしたり大量のメールが送られたりした。

そのため、Xは上司である部長に社長のセクハラに対する相談を行ったが、社長はその会話を盗聴した上、職務に専念していないということで、部長とXの2人を解雇した。

紛争当事者の主張

申請人X（労働者）

長年にわたり、社長からのセクハラにあっており、大変な苦痛を受けた。

まるでストーカーにあったようで気持ちが悪くなり、体調不良が続いている。会社に戻る気はないので、社長からの謝罪文と精神的・身体的苦痛に対する慰謝料として、150万円を要求する。

被申請人Y（事業主）

Xは、勤務時間中に上司である部長と会議室等で長時間にわたり会話し、会社の悪口を吹聴する等、職務専念義務を怠っており、裏切られた気分である。反省の色もなく、セクハラに話をすり替えて訴えることに憤りを感じる。

結果的にセクハラに当たる行為があったことは認めるので、謝罪は行ってもよいと思う。慰謝料については、せいぜい給料の2～3カ月分の50万円程度が適当であると考えるので、Xの要求には応じられない。

あっせんの内容

あっせん委員が、紛争当事者双方から事情聴取を行ったところ、双方よりあっせんでの解決を図りたいという回答を得、被申請人Yからも謝罪の意思があることを確認したので、解決金の額の調整を行い、「Yは申請人Xに対し①謝罪文を出すこと、②本紛争に係る解決金として、金100万円を支払うこと」との和解案を提示した。

結　果

当事者双方が納得し、和解内容について合意した。また、その旨を記載した合意文書を作成した。

POINT

あっせんの場においても、当初当事者双方とも感情的になっており、解決に苦慮した事案。その後若干の期間をおいて行われたあっせんの場で双方とも冷静さを取り戻し、「被申請人Yが申請人Xに謝罪文を出すこと、解決金については双方が同額の譲歩を行うこと」とする合意が成立した。

| 事例 73 | セクハラによる精神的被害に対する損害賠償を求めたあっせん事例 | セクシュアルハラスメント |

| 申請の概要 | Y美容院で美容師として勤務する申請人X（労働者）は、事業主から度重なるセクハラを受け、精神的障害等について事業主に責任を求めたが拒否されたため紛争となり、Xが損害賠償を求めて、あっせんを申請した。 |

※現在は、均等法の規定に基づき労働局の雇用環境・均等部（室）で調停（援助）を行っています。

紛争の背景

申請人Xは、美容師として勤務しているY美容院の事業主（被請負人）から度重なるセクハラを受け、これが原因で体調を崩し退職を余儀なくされた。

Xは、精神的障害と診断され現在も治療を続けていることから、その要因となったと思われるセクハラ行為に対しての謝罪と損害賠償を求めたが、事業主は、セクハラ的言動は認めたものの、精神的障害に対する責任については認めなかった。

紛争当事者の主張

申請人X（労働者）

Y美容院の事業主に対し、度重なるセクハラにより精神的障害と診断され、現在も治療中であり、せっかく取得した資格を活かす仕事に就けなくなったことに対する損害賠償として800万円の支払いと謝罪文を求める。

（内訳）
① 勤務ができなかった期間の給与
　（3月分）……………… 42万円
② 当面の賃金逸失利益として
　（3年分の賃金相当額）
　………………………… 504万円
③ 治療費（薬代等）………… 54万円
④ 精神的身体的苦痛に対する慰謝料
　………………………… 200万円

被申請人Y（事業主）

恒常的にわい談をするなど、申請人Xに対して行ったセクハラに該当する言動については認め、謝罪も行うこととしたい。しかし、Xが精神的障害を患った原因に対する自分の非（セクハラ）は、せいぜい2割程度であり、とても要求額には応じられない。

あっせんの内容

あっせん委員が当事者双方に対し、解決の意向を確認したところ、双方とも早期解決を希望していることから、別個に譲歩できる金額を確認し、あっせん案を提示した。

あっせん案

被申請人Yは申請人Xに対して、
① 謝罪文を書くこと
② 要求額の4割、金320万円を支払うこと

結　果

当事者双方とも、あっせん案を受諾した。

POINT

双方への主張の確認には時間がかかったものの、当事者双方が、おおむねセクハラの事実についてはあったものと認めていること、また双方とも早期解決を希望していたことから、その後のあっせんの過程で双方の譲歩が得られ、謝罪文と解決金で双方の合意が成立した。

事例 74 退職を余儀なくされたとして慰謝料・謝罪等を求めたあっせん事例

セクシュアルハラスメント

申請の概要

Y総合病院に勤務する准看護師X（申請人・女性）が、同僚からセクハラを受けたため、院長にセクハラの防止対策等改善を申し入れたが対応してもらえないため紛争となり、XがY病院に対し解決金の支払いを求めて、あっせんを申請した。

※現在は、均等法の規定に基づき労働局の雇用環境・均等部（室）で調停（援助）を行っています。

紛争の背景

Y総合病院に勤務する被申請人X（女性）は、当病院の看護師A（男性）から、性的な情報を流布する等のセクハラを受けた。

そのため、Xは院長にセクハラの防止対策等改善を申し入れたが、何の改善も行われなかったため、周囲に対する誤解も解けず、退職を余儀なくされた。

紛争当事者の主張

申請人X（労働者）

この件については、セクハラの行為者だけでなく、職場内のセクハラを防止し発生した場合の適切な対応を講じなかった病院にも落ち度がある。

自分の退職は会社がセクハラ防止措置を講じなかったため余儀なくされたものであり、逸失利益は少なくない。

病院の不適切な対応で被った精神的、経済的損害への慰謝料と退職の不利益などを合わせ、150万円の支払いを求める。また、謝罪もしてほしい。

被申請人Y（事業主）

Xは、勤務時間終了後に異性の同僚と未明まで酒席をともにしている。社会人としては軽率な行動であり、このことがセクハラを招いた一因である。

病院としては、事後の対応として、行為者への注意をしており、Xに仕事を辞めるよう仕向けた事実もなく、Xの要求には応じられない。

あっせんの内容

あっせん委員が、紛争当事者双方から事情聴取を行ったが、双方の主張が埋まらないことから、あっせんの打切りを示唆したところ、双方よりあっせんでの解決を図りたいという回答を得たので、謝罪の方法と解決金の額の調整を行うこととした。

```
── あっせん案 ──
 当事者双方に対し、
 ①　本合意文書をもって、被申請
　　人Yから申請人Xに対しての謝
　　罪表明とすること
 ②　本紛争に係る解決金として、
　　金150万円を支払うこと
 ③　他の債権債務がないこと
```

結　果

当事者双方とも、あっせん案を受諾した。

POINT

あっせん当初から、双方の主張に隔たりがあり、あっせんは困難を極めたが、あっせんの打切りを示唆されたことを契機に被申請人Yが歩み寄りをみせ、申請人Xの要求どおり、謝罪の表明と満額の解決金で和解が成立した。

事例 75 社長からのセクハラを拒否して解雇されたことをめぐるあっせん事例

セクシュアルハラスメント

申請の概要

Ｙ工務店に勤務する申請人Ｘ（労働者）は、社長から性的関係を求められ、拒否したことにより解雇を言い渡された。後日、社長に対し謝罪文と解雇の撤回を求めたが、拒否されたため紛争となり、Ｘが会社に対し慰謝料等を求めて、あっせんを申請した。

※現在は、均等法の規定に基づき労働局の雇用環境・均等部（室）で調停（援助）を行っています。

紛争の背景

申請人Ｘは、Ｙ工務店に事務員として採用された。他の社員が営業に出かけている間は、社長と２人きりになることも多く、ほぼ毎日①肩をもむ、②身体的特徴をからかう、③わい談をしたり男性経験等を聞く、等のセクハラが繰り返された。

現場等に社長と２人で出張した際には、車内で身体に触れたため、耐え切れず抗議したが、行為はその後も続いた。

Ｘは、今年の社員旅行の際、社長から部屋に呼び出され、プライベートな付き合いを求められた。断ると、態度を急変させ、来月末付けでの退職を求められた。退職の意向がない旨を伝えその後も出勤し続けたところ、社長は他の社員に対し、Ｘは気が強くて、手におえない等の噂を吹聴してまわり、その挙げ句Ｘは○年○日付けで解雇された。

紛争当事者の主張

申請人Ｘ（労働者）

Ｙ工務店に対し、突然の解雇による補償と、セクハラに対する慰謝料として計150万円の支払い、および社長本人からの謝罪文を求める。

（内訳）
① 当面の生活補償（２カ月分の賃金相当額）……………………… 50万円
② 精神的身体的苦痛に対する慰謝料 ……………………………… 100万円

被申請人Ｙ（事業主）

Ｘに対して行った行為は、合意によるものと理解しており、今になって大げさに訴えられたことは心外である。

解雇に伴う補償も１カ月程度が適当と考え

る。慰謝料として要求された100万円の提示額も高すぎて納得できない。裁判に応じる用意もあり、このような申出に対応する気は全くない。

あっせんの内容

あっせん委員が、紛争の当事者双方に個別面談の上、事情聴取を行ったが、特にセクハラの事実に係る双方の主張に隔たりが大きく事実確認が困難であった。そのため、あっせん委員は、会社の同僚等を参考人として招集し、当該セクハラに関する事実確認を行った。その結果、申請人Xの主張が大筋で認められたので、それをもとに被申請人Yに対し、再度事実関係を確認したところ、大筋でXの言う事実関係を認めた。そこで、さらにYに対しあっせんでの和解に応じる意思を確認した上でXが要求している、①退職後の当面の生活補償、②慰謝料の額等の具体的な金額に的を絞って、当事者双方間の調整を行い、あっせん案を提示した。

あっせん案

被申請人Yは、申請人Xに対して謝罪文を提出するとともに慰謝料を含む解決金として、総額150万円を支払うこと。

結　果

当事者双方とも、あっせん案を受諾した。

POINT

申請当初は、当事者双方の主張が真っ向から対立し、セクハラの事実関係の確認も困難であったため、会社の同僚等から事実関係を聴取する等、事実関係の確認から始まった事案。

同僚からの情報を踏まえたあっせんの場で、自らセクハラを行ったY工務店の社長が、申請人Xの要求額どおりの慰謝料を支払うことで合意が成立した。

III 個別労働紛争解決事例

事例 76 育児休業取得後の正社員からパートへの身分変更をめぐる助言・指導事例

育児・介護休業等

申出の概要

申出人X（労働者）は、上司から育児休業取得後、正社員からパートへの身分変更を言い渡された。Xは、このことについて納得できないため、正社員としての原職復帰を求め、労働局長の助言・指導を求めた。

※現在は、育介法の規定により労働局の雇用環境・均等部（室）で調停（援助）を行っています。

紛争の背景

申請人Xは、平成○年4月にY社（被申請人）に採用され、本社の事務部門で勤務している。

Xは、平成○年10月に出産し、翌年3月末日まで、産後休業に引き続き育児休業を取得することとした。しかし、復職を控えた3月に人事部長から呼び出しを受け、Xは同年4月からパートになってほしいと打診された。理由は、経営不振による支店の統廃合と、経営合理化による事務部門の縮小である。

紛争当事者の主張

申出人X（労働者）

あくまで、原職復帰を求めたい。自分の後任に配置されたAが同日付けで、パートから正社員になったのは、納得できない。

被申出人Y（事業主）

Aについては、専攻が情報管理システムであり、パソコンやシステムに強く、事務部門を縮小するため従来の配置より人数を減らして（8人→5人）配属したつもりであり、個人の能力を評価しての配置である。

Xについては事務能力が低く、この体制ではパートでしか勤まらないと判断したからだ。

判断のPOINT

　育児休業を取得した申出人Xの復職に当たって、Xのいた事務部門を合理化するため、情報管理システムに堪能な社員を新規採用すると同時に、事務能力が低いと評価するXの正社員からパートへの身分変更は妥当か。
　○　正社員からパートへの身分変更は労働条件の変更であり、Xの承諾なしに身分変更することはできない。

助言・指導の内容

　申出人Xの承諾なしに身分変更することはできないこと。Xは、保育園の手配をする等、正社員として勤務できる体制を整えていることを踏まえ、再度本人と話し合うこと。

結　果

　助言を受け、両当事者で話し合った結果、Xは正社員として技能部署に配転することで合意した。

事例 77 育児休業取得後に正社員からパートに身分変更されたことをめぐるあっせん事例

育児・介護休業等

申請の概要

　Y医院（被申請人）に勤務する看護師X（申請人）は、平成○年6月から正社員として病棟看護の業務に従事していた。2年後の平成○年12月1日に出産し、産前産後休業および育児休業を取得した。

　その後Xは、平成○年7月1日に復職したが、Xに何の説明もないまま身分が正社員からパートに変わっていた。

　XはYに対し、正社員としての継続勤務を申し出たがYは何の対応もしなかった。

　そこで、Xは○○労働局雇用環境・均等部（室）に相談したところ、Yに対して、育児・介護休業法および男女雇用機会均等法に抵触するとして、同室から行政指導を行ったところ、YはXに何の説明もなしに、パート労働者から正社員に身分を再変更していた。

※現在は、育介法の規定により労働局の雇用環境・均等部（室）で調停（援助）を行っています。

紛争当事者の主張

申請人X（労働者）

　Yの不誠実な対応に憤慨し、Yへの復職の意思はなく、紛争期間中の賃金相当額に復職するのに要した諸経費を加えた金額（計160万円）の支払いを損害賠償として求める。

（内訳）
① 紛争期間中の給与（4カ月分） ………………………………… 115万円
② 復帰に当たっての保育所の確保関係経費 …………………… 45万円
　○ 入園金および準備経費（5万円）
　○ 紛争期間中の保育料等（5カ月分）

被申請人Y（事業主）

　身分変更は、Xの育児負担を配慮して暫定的に行ったものであり、Xを正社員として復職させたので金銭要求には応じないと主張した。

あっせんの内容

あっせん委員が、両者の主張をもとに双方の紛争解決の意向を確認したところ、双方が早期解決を望んだことから、和解に向けた具体的な条件の調整を行いあっせん案を提示した。

---あっせん案---
申請人Ｘがあっせん合意日付けで退職し、被申請人ＹがＸに対して、90万円を支払うこと。

結　果

当事者双方とも、あっせん案を受諾した。

POINT

感情的確執もあり、当事者双方の主張の隔たりが大きい事案であった。
あっせんの場では双方とも早期の解決を望み、申請人Ｘの退職を前提とした和解金の支払いで合意が成立した。

Ⅳ　あっせん申請書等の記載例

あっせん申請書の提出先と記載上の留意点

（1）あっせんの申請は、あっせん申請書に必要事項を記載の上、紛争の当事者である労働者に係る事業場の所在地を管轄する都道府県労働局の長に提出してください。
　　申請書の提出は原則として申請人本人が来局して行うことが望ましいものですが、遠隔地からの申請等の場合には、郵送等による提出も可能です。
（2）申請書に記載すべき内容および注意事項は、次のとおりです。
　① 労働者の氏名、住所等
　　　紛争の当事者である労働者の氏名、住所等を記載すること。
　② 事業主の氏名、住所等
　　　紛争の当事者である事業主の氏名（法人にあってはその名称）、住所等を記載すること。また、紛争の当事者である労働者に係る事業場の名称および所在地が事業主の名称及び住所と異なる場合には、（　）内に当該事業場の名称および所在地についても記載すること。
　③ あっせんを求める事項およびその理由
　　　あっせんを求める事項およびその理由は、紛争の原因となった事項および紛争の解決のための相手方に対する請求内容をできる限り詳しく記載すること（所定の欄に記載しきれないときは、別紙に記載して添付すること）。
　④ 紛争の経過
　　　紛争の原因となった事項が発生した年月日および当該事項が継続する行為である場合には最後に行われた年月日、当事者双方の見解、これまでの交渉の状況等を詳しく記載すること（所定の欄に記載しきれないときは、別紙に記載して添付すること）。
　⑤ その他参考となる事項
　　　紛争について訴訟が現に係属しているか否か、確定判決が出されているか否か、他の行政機関での調整等の手続へ継続しているか否か、紛争の原因となった事項またはそれ以外の事由で労働組合と事業主との間で紛争が起こっているか否か、不当労働行為の救済手続が労働委員会に係属しているか否か等の情報を記載すること。
　⑥ 申請人
　　　双方申請の場合は双方の、一方申請の場合は一方の紛争当事者の氏名（法人にあってはその名称）を記名押印または自筆による署名のいずれかにより記載すること。

（3）事業主は、労働者があっせん申請をしたことを理由として、当該労働者に対して解雇その他不利益な取扱いをしてはならないこととされています。

＜様式第1号（第4条関係）（裏面）から＞

様式第1号（第4条関係）（表面）

あっせん申請書

紛争当事者	労働者	氏名	
		住所	〒　　　　　　　　　　　　電話　　（　　）
	事業主	氏名又は名称	
		住所	〒　　　　　　　　　　　　電話　　（　　）
	※上記労働者に係る事業場の名称及び所在地		〒　　　　　　　　　　　　電話　　（　　）
あっせんを求める事項及びその理由			
紛争の経過			
その他参考となる事項			

　　年　　月　　日

申請人　氏名又は名称　　　　　　　　㊞

労働局長　殿

【普通解雇に関するあっせんを申請する場合の記載例】

様式第1号（第4条関係）（表面）

あ っ せ ん 申 請 書

紛争当事者	労働者	氏名	労働 太郎
		住所	〒271－○○○○ 千葉県松戸市旭町○－○　　電話　047（○○○）○○○○
	事業主	氏名又は名称	A株式会社　代表取締役　東京 一郎
		住所	〒160－○○○○　東京都新宿区西新宿○－○－○ 　　　　　　　　　　　　　　電話　03（○○○○）○○○○
	※上記労働者に係る事業場の名称及び所在地		A株式会社　B支店 〒110－○○○○　東京都台東区池之端○－○－○ 　　　　　　　　　　　　　　電話　03（○○○○）○○○○
あっせんを求める事項及びその理由			○年○月○日に入社し、工場で溶接工として勤務していたところ、同年8月1日、社長から「仕事の能力がないから辞めてくれ」と解雇通告され、同年8月31日で辞めた。 　私は、溶接工として20年以上の経験があり、今まで能力がないと言われたことはない。これは不当な解雇である。急なことで生活が苦しいし、精神的にも苦痛である。もう復職する気はないが、これまでに受けた経済的損失と精神的苦痛に対する補償として、少なくとも1カ月分の賃金相当額以上の補償金の支払いを求めたい。
紛争の経過			○年○月○日に社長と連絡をとり、解雇を撤回してくれるよう要請したところ拒否された。その後、解雇によって生じた経済的補償についての申し入れを行ったが、拒否された。
その他参考となる事項			訴訟は提起しておらず、また、他の救済機関も利用していない。会社には労働組合はない。

平成○年　○月　○日

　　　　　　　　　　　　　　申請人　氏名又は名称　　労働 太郎　㊞

○○　労働局長　殿

【整理解雇に関するあっせんを申請する場合の記載例】

様式第1号（第4条関係）（表面）

あ っ せ ん 申 請 書

紛争当事者	労働者	氏名	労働 花子
		住所	〒271-○○○○ 千葉県松戸市旭町○-○　電話 047（○○○）○○○○
	事業主	氏名又は名称	A株式会社　代表取締役　東京 一郎
		住所	〒160-○○○○　東京都新宿区西新宿○-○-○ 電話 03（○○○○）○○○○
	※上記労働者に係る事業場の名称及び所在地		A株式会社　B支店 〒110-○○○○　東京都台東区池之端○-○-○ 電話 03（○○○○）○○○○
あっせんを求める事項及びその理由			○年○月○日に入社し、平成○年○月○日より正社員として工場勤務していたが、平成○年○月○日、社長から経営不振を理由として、同年○月○日付けの解雇を通告された。 　経営不振というが、整理解雇しなければいけないほどではなく、また私が整理解雇の対象になぜなったのか何の説明もない。本当は復職したいがそれがだめなら、経済的・精神的損害に対する補償金として、○万円の支払いを求めたい。
紛争の経過			○年○月○日に、社長に連絡をとり、解雇を撤回してくれるよう要請したが、聞き入れてもらえなかった。併せて、補償金の支払い等の提案も行ったが、拒否された。
その他参考となる事項			訴訟は提起しておらず、また、他の救済機関も利用していない。会社には労働組合はない。

平成○年　○月　○日　　　　　　　申請人　氏名又は名称　労働 花子　㊞

○○労働局長　殿

【懲戒解雇に関するあっせんを申請する場合の記載例】

様式第1号（第4条関係）（表面）

あ っ せ ん 申 請 書

紛争当事者	労働者	氏名	労働 太郎
		住所	〒271－〇〇〇〇 千葉県松戸市旭町〇－〇　　電話 047（〇〇〇）〇〇〇〇
	事業主	氏名又は名称	A株式会社　代表取締役　東京 一郎
		住所	〒160－〇〇〇〇　東京都新宿区西新宿〇－〇－〇 電話 03（〇〇〇〇）〇〇〇〇
	※上記労働者に係る事業場の名称及び所在地		A株式会社　B支店 〒110－〇〇〇〇　東京都台東区池之端〇－〇－〇 電話 03（〇〇〇〇）〇〇〇〇
あっせんを求める事項及びその理由			〇年〇月〇日にA株式会社B支店に清掃員として雇われ、5人チームの責任者としてA株式会社の請負先であるC株式会社の清掃を行っていた。同年〇月〇日にC株式会社から、清掃の仕方が悪いとA株式会社にクレームが入り、C株式会社との請負契約が切れた。「これは、お前がきちんと指導しなかったせいだ。懲戒解雇だ」とB支店長から言われた。私は、きちんと指導しており、懲戒解雇になる理由はない。 　よって、懲戒解雇撤回と職場復帰を求めるとともに、精神的苦痛に対する慰謝料〇万円の支払いを求めたい。
紛争の経過			〇年〇月〇日に、本社の人事課長に連絡をとり、解雇を撤回してくれるよう要請したが、聞き入れてもらえなかった。
その他参考となる事項			訴訟は提起しておらず、また、他の救済機関も利用していない。会社には労働組合はない。

平成〇年　〇月　〇日

　　　　　　　　　　　　　　　申請人　氏名又は名称　労働 太郎　㊞

〇〇　労働局長　殿

【労働条件（賃金）引下げに関するあっせんを申請する場合の記載例】

様式第1号（第4条関係）（表面）

あ っ せ ん 申 請 書

紛争当事者	労働者	氏名	労働 太郎
		住所	〒271－〇〇〇〇　千葉県松戸市旭町〇－〇　電話 047（〇〇〇）〇〇〇〇
	事業主	氏名又は名称	A株式会社　代表取締役　東京 一郎
		住所	〒160－〇〇〇〇　東京都新宿区西新宿〇－〇－〇　電話 03（〇〇〇〇）〇〇〇〇
	※上記労働者に係る事業場の名称及び所在地		A株式会社　B支店 〒110－〇〇〇〇　東京都台東区池之端〇－〇－〇 電話 03（〇〇〇〇）〇〇〇〇
あっせんを求める事項及びその理由			営業社員として勤務しているが、〇年〇月〇日に営業方針をめぐり、社長と口論となり、「なまいきだ。給料分の仕事をしていないくせに」と言われ、同年〇月から管理部門にまわされ、営業手当がなくなった。 　私は、勤務は真面目にこなしていた。管理部門は残業がなく他の手当もないので、営業手当がなくなったぶん生活が苦しくなった。配置転換は不当であるので、営業手当相当分の手当をつけ、賃金額を以前の水準に戻してほしい。
紛争の経過			〇年〇月〇日に、社長に連絡をとり、賃金を以前の水準に戻してもらえるよう要請したが、聞き入れてもらえなかった。
その他参考となる事項			訴訟は提起しておらず、また、他の救済機関も利用していない。会社には労働組合はない。

平成〇年 〇月 〇日　　　　　　申請人　氏名又は名称　労働 太郎　㊞

〇〇 労働局長　殿

【労働条件（退職金）引下げに関するあっせんを申請する場合の記載例】

様式第1号（第4条関係）（表面）

あっせん申請書

紛争当事者	労働者	氏名	労働 太郎
		住所	〒271－〇〇〇〇 千葉県松戸市旭町〇－〇　電話 047（〇〇〇）〇〇〇〇
	事業主	氏名又は名称 住所	医療法人A　代表取締役　東京 一郎 〒160－〇〇〇〇　東京都新宿区西新宿〇－〇－〇 電話 03（〇〇〇〇）〇〇〇〇
	※上記労働者に係る事業場の名称及び所在地		医療法人　B病院 〒110－〇〇〇〇　東京都台東区池之端〇－〇－〇 電話 03（〇〇〇〇）〇〇〇〇
あっせんを求める事項及びその理由			〇年〇月〇日に入社し、看護師として勤務していたが、〇年〇月〇日をもって自己都合退職した。 　退職に際し、退職金を受け取ったが、当該退職金の金額が、就業規則による計算額の〇割しかなかったため事務局長に理由を尋ねたところ、退職金規程の減額規定を適用したとの回答があった。私としては、減額されるようなことは行っておらず、今回の退職金減額措置については到底納得できない。 　よって、就業規則に基づく正規の退職金計算額と受取り済み額との差額の支払いを求めたい。
紛争の経過			〇年〇月〇日に、事務局長に連絡をとり、就業規則に基づく正規の退職金計算額と受取り済額との差額の支払いを求めたところ拒否された。
その他参考となる事項			訴訟は提起しておらず、また、他の救済機関も利用していない。会社には労働組合はない。

平成〇年　〇月　〇日

　　　　　　　　　　　　申請人　氏名又は名称　労働 太郎　㊞

〇〇　労働局長　殿

【配置転換に関するあっせんを申請する場合の記載例】

様式第1号（第4条関係）（表面）

あ っ せ ん 申 請 書

紛争当事者	労働者	氏名	労働 花子
		住所	〒271－○○○○ 千葉県松戸市旭町○-○　　電話　047（○○○）○○○○
	事業主	氏名又は名称	A株式会社　代表取締役　東京 一郎
		住所	〒160－○○○○　東京都新宿区西新宿○-○-○ 　　　　　　　　　　　　　　電話　03（○○○○）○○○○
	※上記労働者に係る事業場の名称及び所在地		A株式会社　B支店 〒110－○○○○　東京都台東区池之端○-○-○ 　　　　　　　　　　　　　　電話　03（○○○○）○○○○
あっせんを求める事項及びその理由			○年○月○日にパートタイマーとして入社し、同年○月○日から嘱託社員となり、○年○月○日、B支店へ配置転換となった。配置転換になる前に、社内のセクハラ事件について○○労働局に指導を依頼したことがあり、その後、退職勧奨を数度にわたり受けていた経緯から、この配置転換は、退職強要のための不必要な配置転換である。 　よって、B支店への配置転換について、会社側の謝罪とその撤回を求めたい。
紛争の経過			○年○月○日に、本社の人事課長に連絡をとり、配置転換の撤回を求めたが、聞き入れられなかった。
その他参考となる事項			訴訟は提起しておらず、現在、他の救済機関も利用していない。会社には労働組合はあるが、この紛争について、労働組合と事業主との間で問題として取り上げられていない。

平成○年　○月　○日

　　　　　　　　　　　　　　申請人　氏名又は名称　労働 花子　㊞

　　○○労働局長　殿

【退職勧奨に関するあっせんを申請する場合の記載例】

様式第1号（第4条関係）（表面）

あっせん申請書

紛争当事者	労働者	氏名	労働 太郎
		住所	〒271-○○○○ 千葉県松戸市旭町○-○　　電話　047（○○○）○○○○
	事業主	氏名又は名称 住所	A株式会社　代表取締役　東京 一郎 〒160-○○○○　東京都新宿区西新宿○-○-○ 　　　　　　　　　　　　　　電話　03（○○○○）○○○○
	※上記労働者に係る事業場の名称及び所在地		A株式会社　B支店 〒110-○○○○　東京都台東区池之端○-○-○ 　　　　　　　　　　　　　　電話　03（○○○○）○○○○
あっせんを求める事項及びその理由			工場長として勤務していた。○年○月○日と○日に大量不良品の返品があったので本社に呼び出され、社長ほか数名に取り囲まれて、「どのような品質管理をしているのだ。どう責任をとるつもりだ」などと6時間にわたり詰問され、「もう一度チャンスをください」と言っても、聞き入れられず、「退職届を書け。書くまで帰さない」と言われたので、やむなくその場で退職願を書いた。これは退職強要であり、精神的、身体的に苦痛を受けたので、退職強要についての謝罪と損害賠償を求める。
紛争の経過			○年○月○日に、社長に連絡をとり、今回の不当な退職勧奨について謝罪と補償を求めたが、聞き入れてもらえなかった。
その他参考となる事項			訴訟は提起しておらず、また、他の救済機関も利用していない。会社には労働組合はない。

平成○年　○月　○日

　　　　　　　　　　　　　　申請人　氏名又は名称　労働 太郎　㊞

○○　労働局長　殿

【懲戒処分に関するあっせんを申請する場合の記載例】

様式第1号（第4条関係）（表面）

あ っ せ ん 申 請 書

紛争当事者	労働者	氏名	労働 花子
		住所	〒271-○○○○ 千葉県松戸市旭町○-○　　電話 047（○○○）○○○○
	事業主	氏名又は名称	A株式会社　代表取締役　東京 一郎
		住所	〒160-○○○○　東京都新宿区西新宿○-○-○ 　　　　　　　　　　　　　電話 03（○○○○）○○○○
	※上記労働者に係る事業場の名称及び所在地		A株式会社　B支店 〒110-○○○○　東京都台東区池之端○-○-○ 　　　　　　　　　　　　　電話 03（○○○○）○○○○
あっせんを求める事項及びその理由			○年○月○日から営業員として勤務し、○年○月○日には営業課長に昇進したが、○年○月○日横領の疑いがかけられ、○年○月○日付けで懲戒処分として平社員に降格され、仕事もほとんど与えられなくなった。 　その後、横領の事実はないことが判明したが、会社からは一切の謝罪もなく、精神的苦痛を受けたので、配置転換の撤回、謝罪文の提出及び慰謝料の支払いを求めたい。
紛争の経過			○年○月○日に、本社の人事課長に連絡をとり、配置転換の撤回を求めたが、聞き入れられなかった。
その他参考となる事項			訴訟は提起しておらず、また、他の救済機関も利用していない。会社には労働組合はない。

平成○年 ○月 ○日　　　　　　申請人　氏名又は名称　労働 花子　㊞

　　○○労働局長　殿

【採用内定取消しに関するあっせんを申請する場合の記載例】

様式第1号（第4条関係）（表面）

あっせん申請書

紛争当事者	労働者	氏名	労働 太郎
		住所	〒271-○○○○ 千葉県松戸市旭町○-○　　電話 047（○○○）○○○○
	事業主	氏名又は名称	A株式会社　代表取締役　東京 一郎
		住所	〒160-○○○○　東京都新宿区西新宿○-○-○ 　　電話 03（○○○○）○○○○
	※上記労働者に係る事業場の名称及び所在地		A株式会社　B支店 〒110-○○○○　東京都台東区池之端○-○-○ 　　電話 03（○○○○）○○○○
あっせんを求める事項及びその理由			○年○月○日に面接を受け、翌日に電話連絡で「○月○日から働いてもらうが、事前に研修を受けてもらうので、後日連絡するまで待機するように」との採用内定の通知を受けた。 　その後、数回にわたり研修日確認の電話連絡をしたが、未定とのことで、最終的には、人員が充足したことを理由に採用を取り消された。 　誘いを受けていた他社への就職を断念したこともあるので、他社に就職していたら得ていたであろう収入分と会社への電話連絡費用の支払いを求めたい。
紛争の経過			○年○月○日に、会社の人事課長に連絡をとり、採用内定取消しによる損害賠償を求めたが、拒否された。
その他参考となる事項			訴訟は提起しておらず、また、他の救済機関も利用していない。会社には労働組合はない。

平成○年　○月　○日

　　　　　　　　　申請人　氏名又は名称　労働 太郎　㊞

○○ 労働局長　殿

【雇止めに関するあっせんを申請する場合の記載例】

様式第1号（第4条関係）（表面）

あ っ せ ん 申 請 書

紛争当事者	労働者	氏名	労働 花子
		住所	〒271-〇〇〇〇 千葉県松戸市旭町〇-〇　　電話　047（〇〇〇）〇〇〇〇
	事業主	氏名又は名称 住所	A株式会社　代表取締役　東京 一郎 〒160-〇〇〇〇　東京都新宿区西新宿〇-〇-〇 　　　　　　　　　　　　　電話　03（〇〇〇〇）〇〇〇〇
	※上記労働者に係る事業場の名称及び所在地		A株式会社　B支店 〒110-〇〇〇〇　東京都台東区池之端〇-〇-〇 　　　　　　　　　　　　　電話　03（〇〇〇〇）〇〇〇〇
あっせんを求める事項及びその理由			〇年〇月〇日に英会話講師として、採用され、以後、毎年〇月〇日を起算日とする1年契約で契約更新を繰り返したが、〇年〇月〇日、次回更新を行わないと通知された。 　会社からは、勤務態度等についての改善指導もなく、突然の契約更新拒否には納得いかない。 　よって、次年度以降の契約更新を求めたい。
紛争の経過			〇年〇月〇日に、人事課長に連絡をとり、契約更新拒否の取消しを求めたが、拒否された。
その他参考となる事項			訴訟は提起しておらず、また、他の救済機関も利用していない。会社には労働組合はない。

平成〇年〇月〇日

　　　　　　　　　　　申請人　氏名又は名称　労働 花子　㊞

〇〇労働局長　殿

IV あっせん申請書等の記載例

【昇給、昇格に関するあっせんを申請する場合の記載例】

様式第1号（第4条関係）（表面）

あ っ せ ん 申 請 書

紛争当事者	労働者	氏名	労働 太郎
		住所	〒271-○○○○ 千葉県松戸市旭町○-○　　電話 047（○○○）○○○○
	事業主	氏名又は名称	A銀行　頭取　東京 一郎
		住所	〒160-○○○○　東京都新宿区西新宿○-○-○ 　　　　　　　　　　　　　電話 03（○○○○）○○○○
	※上記労働者に係る事業場の名称及び所在地		A銀行　B支店 〒110-○○○○　東京都台東区池之端○-○-○ 　　　　　　　　　　　　　電話 03（○○○○）○○○○
あっせんを求める事項及びその理由			○年○月○日入社、長年銀行マンとして勤務し、○年○月○日、支店長職を最後に定年退職となった。 　会社は、○年に近隣の金融機関が合併して現在の姿となったが、その際に出身母体による賃金差別があり、その後も昇給・昇格面で個人的な差別が続いた結果、退職時までに約○万円の賃金を受け取ることができなかった。 　単に出身母体により昇給・昇格に差をつけ、不当に賃金を低く抑えた銀行の行為は許し難く、よって、在職中に本来受けられるはずであった未払賃金相当額の金銭の支払いを求めるものである。
紛争の経過			本社人事課長に対し、在行中の賃金差別と昇給・昇格面で個人的な差別により不当に低く抑えられたことで生じた未払賃金相当額の金銭の支払いを求めたが、聞き入れられなかった。
その他参考となる事項			訴訟は提起しておらず、また、他の救済機関も利用していない。会社には労働組合はない。

平成○年　○月　○日

　　　　　　　　　　　申請人　氏名又は名称　労働 太郎　㊞

　○○ 労働局長　殿

【労働者派遣に関するあっせんを申請する場合の記載例】

様式第1号（第4条関係）（表面）

あ っ せ ん 申 請 書

紛争当事者	労働者	氏名	労働 太郎
		住所	〒271-○○○○ 千葉県松戸市旭町○-○　電話 047（○○○）○○○○
	事業主	氏名又は名称	A株式会社　理事長　東京 一郎
		住所	〒160-○○○○　東京都新宿区西新宿○-○-○ 電話 03（○○○○）○○○○
	※上記労働者に係る事業場の名称及び所在地		A株式会社　B支店 〒110-○○○○　東京都台東区池之端○-○-○ 電話 03（○○○○）○○○○
あっせんを求める事項及びその理由			○年○月○日の面接会で派遣スタッフ登録を行い、同年○月○日から○月○日の6カ月契約で派遣先で働くことになった。 働きはじめて3カ月経過後の○月○日派遣先の会社から、仕事がなくなったので来月は来なくてよいと言われ、派遣元の会社からも、もう行かなくてよいと言われたが、その後、別の会社を紹介するでもなく、何度働かせてほしいと言っても「待ってくれ」と言うばかりでさらに3カ月が過ぎた。 もうこの会社（派遣元）で働く気はないが、働けばもらえるはずだった3カ月分の賃金相当額のお金を払ってほしい。
紛争の経過			○年○月○日に会社に対し、他の派遣先を紹介するよう何度も申し入れたが、聞き入れてもらえなかった。
その他参考となる事項			訴訟は提起しておらず、また、他の救済機関も利用していない。会社には労働組合はない。

平成○年　○月　○日

　　　　　　　　　　　　申請人　氏名又は名称　労働 太郎　㊞

　　○○労働局長　殿

【いじめ、嫌がらせに関するあっせんを申請する場合の記載例】

様式第1号（第4条関係）（表面）

あっせん申請書

紛争当事者	労働者	氏名	労働 太郎
		住所	〒271－○○○○ 千葉県松戸市旭町○－○　　電話 047（○○○）○○○○
	事業主	氏名又は名称	A株式会社　理事長　東京 一郎
		住所	〒160－○○○○　東京都新宿区西新宿○－○－○ 電話 03（○○○○）○○○○
	※上記労働者に係る事業場の名称及び所在地		A株式会社　B支店 〒110－○○○○　東京都台東区池之端○－○－○ 電話 03（○○○○）○○○○
あっせんを求める事項及びその理由			○年○月○日に営業職として採用されたが、入社後3カ月ほどして、朝礼での営業成績発表の場で、上司から「おまえは、チームワークを乱すことばかりして、全然契約も取ってこないじゃないか…こんな奴とはもう口もきく必要はないぞ」などと強い口調で罵倒された。営業成績が上がっていないことは事実だが、自分なりに精いっぱい努力していたにもかかわらず、それ以来、上司からは仕事を与えられず、職場の同僚からも無視されるようになった。人事部長に改善を申し入れても、「自分がまいた種だろう」と取り合ってくれない。 　このように職場には、いじめがまかり通り、精神的に限界状態にあるため、いじめがなくなるように職場環境が改善され、また、いじめによって生じた精神的苦痛に対して○万円の慰謝料の支払いを求めたい。
紛争の経過			○年○月○日に人事部長に対し、いじめに対する改善を申し入れたが取り合ってくれなかった。慰謝料の請求も拒否された。
その他参考となる事項			訴訟は提起しておらず、また、他の救済機関も利用していない。会社には労働組合はない。

平成○年　○月　○日

　　　　　　　　　　　　申請人　氏名又は名称　労働 太郎　㊞

○○　労働局長　殿

【人事評価に関するあっせんを申請する場合の記載例】

様式第1号（第4条関係）（表面）

あ っ せ ん 申 請 書

紛争当事者	労働者	氏名	労働 太郎
		住所	〒271－〇〇〇〇 千葉県松戸市旭町〇－〇　　電話　047（〇〇〇）〇〇〇〇
	事業主	氏名又は名称	A株式会社　代表取締役　東京 一郎
		住所	〒160－〇〇〇〇　東京都新宿区西新宿〇－〇－〇 電話　03（〇〇〇〇）〇〇〇〇
	※上記労働者に係る事業場の名称及び所在地		A株式会社　B支店 〒110－〇〇〇〇　東京都台東区池之端〇－〇－〇 電話　03（〇〇〇〇）〇〇〇〇
あっせんを求める事項及びその理由			〇年〇月〇日に入社し、〇〇課で事務員として勤務しているが、勤続年数が短い後輩社員が昇格していくなかで、私は、同職務ランクのまま〇年が経過している。 　私は人並みには仕事をしているつもりだし、今まで、仕事内容や勤務態度については、何らかの問題点の指摘がないにもかかわらず、このような処遇が続き、また、上司の課長が適正な評価をしているとは思われないので、人事考課を見直して再評価するようあっせんを求める。
紛争の経過			〇年〇月〇日に人事部長に対し、昇格に関する改善と人事考課の見直しによる再評価の実施を申し入れたが取り合ってくれなかった。
その他参考となる事項			訴訟は提起しておらず、また、他の救済機関も利用していない。会社には労働組合はない。

平成〇年〇月〇日　　　　　申請人　氏名又は名称　労働 太郎　㊞

　〇〇労働局長　殿

※ 雇用環境・均等部（室）への調停申請はこちらの様式になります。

調 停 申 請 書

関係当事者	労働者 氏　名 　　　　住　所	（〒　　－　　　） 　　　　　　　　　　　　　　　　電話　（　　　）
	事業主 氏　名 　　　　又は名称 　　　　住　所	（〒　　－　　　） 　　　　　　　　　　　　　　　　電話　（　　　）

調停を求める事項 及びその理由	
紛争の経過	
その他参考となる事項	

　　年　　月　　日

　　　　　申請者　　氏名又は名称

　労働局長　　　殿

【セクハラに関する調停を申請する場合の記載例】

調 停 申 請 書

関係当事者	労働者	氏 名 住 所	○本 ○子 (〒○○○-○○○○) 東京都○○区○-○-○ 電話 03(○○○○)○○○○
	事業主	氏 名 又は名称 住 所	□□株式会社 代表取締役 ×本×美 (〒□□□-□□□□) 東京都□□区□-□-□ 電話 03(□□□□)□□□□
調停を求める事項及びその理由			上司からのセクシュアルハラスメントについて、会社に相談したものの、対応が不十分だったために、仕事を続けられなくなり、辞めざるを得なかった。会社に対し精神的ダメージを受けた慰謝料を求める。
紛争の経過			上司からの執拗な食事等の誘いを拒否したところ、○月△日頃から無視されたり、仕事をミスするように仕向ける等の嫌がらせをされるようになり、○月×日に精神的に仕事を続けられなくなり退職した。 ○月○日以降、再三にわたり人事部長に相談したが、十分対応はしたと言われ、とりあってもらえなかった。
その他参考となる事項			訴訟は提起しておらず、また、他の救済機関も利用していない。会社には労働組合があるが、本問題が労使交渉で取り上げられたことはない。

平成○年 ○月 ○日

　　　　　申請者　氏名又は名称　　○本 ○子

　労働局長 ○○ 殿　　　　　　　　　　　　　　※均等法に基づく制度になります。

【育児休業の取得を理由とする解雇に関する調停を申請する場合の記載例】

調 停 申 請 書

関係当事者	労働者　氏　名 　　　　住　所	○村○美 （〒○○○－○○○○） 東京都○○区○－○－○ 　　　　　　　　　電話 03（○○○○）○○○○
	事業主　氏　名 　　　又は名称 　　　住　所	□□株式会社 代表取締役　×田×雄 （〒□□□－□□□□）　東京都□□区□－□－□ 　　　　　　　　　電話 03（□□□□）□□□□
	調停を求める事項 及びその理由	育児休業から復帰直前に会社から解雇を予告された。会社は経営困難が理由と言うが、納得できるものではなく、育児休業を取得したことを理由とする解雇であると考えるため、解雇の撤回を求める。
	紛争の経過	○月×日に育児休業復帰後の職務について相談したところ、復帰しても仕事がないので、退職してほしいと言われた。 その後も復帰後の職務等について問い合わせても、復帰は難しいので育児に専念することを考えてほしいと言われた。復帰の1カ月前の△月○日になって経営困難であることを理由に育児休業終了日をもって解雇すると言われた（詳細別紙）。
	その他参考となる事項	訴訟は提起しておらず、また、他の救済機関も利用していない。会社には労働組合があるが、本問題が労使交渉で取り上げられたことはない。

平成○年 ○月 ○日

　　　　　申請者　　氏名又は名称　　○村○美

　労働局長　○○　殿

※育児・介護休業法に基づく制度になります。

【正社員との差別待遇に関する調停を申請する場合の記載例】

調 停 申 請 書

関係当事者	労働者	氏　名 住　所	○田○子 (〒***－****) 東京都○○区○－○－○ 　　　　　　　　　電話 03(****)　****
	事業主	氏　名 又は名称 住　所	△△株式会社 代表取締役　×××夫 (〒***－****)　東京都◇◇区◇－◇－◇ 　　　　　　　　　電話 03(****)　****
調停を求める事項 及びその理由			契約期間の定めはなく、同僚の正社員□□□□と、職務の内容が同じであり、どちらも転勤がないにもかかわらず、正社員には支給される賞与、退職金が支給されず、賃金も著しく低い等、法第8条で禁止している差別的取扱いがあるので、速やかに、正社員と同じ待遇としてほしい（詳細別紙）。
紛争の経過			平成20年○月○日に入社をして以来、所定労働時間は短いものの、正社員と全く同じ仕事をしてきたが、賃金額等において差別的取扱いを受けてきたため、○月○日以降、数回に渡り、人事課長に対し、パートタイム労働法で禁止されている差別的取扱いである旨、苦情を申し立ててきたが、正社員とパートでは仕事が異なるとの返答を繰り返すのみであった（詳細別紙）。
その他参考となる事項			訴訟は提起しておらず、また、他の救済機関も利用していない。会社には労働組合があるが、本問題が労使交渉で取り上げられたことはない。

平成○年　○月　○日

　　　　申請者　　氏名又は名称　　○田○子

　労働局長　○○殿　　　　　　　　　　　　　※パートタイム労働法に基づく制度になります。

【妊娠を理由とする解雇に関する調停を申請する場合の記載例】

調 停 申 請 書

関係当事者	労働者	氏 名 住 所	○山 ○子 （〒○○○−○○○○） 東京都○○区○−○−○ 電話 03（○○○○）○○○○
	事業主	氏 名 又は名称 住 所	△△株式会社 代表取締役　△△　△子 （〒△△△−△△△△）東京都△△区△−△−△ 電話 03（□□□□）□□□□
調停を求める事項 及びその理由			妊娠の報告直後から、執拗な退職の強要を受け、退職せざるをえなくなった。会社は勤務状況の不良が理由と言うが納得できるものではなく、妊娠を理由とする解雇であると考えるため、本来働き続けていれば得られたはずの期間の賃金補償を求める。
紛争の経過			○月×日に妊娠したことを上司に伝えたところ、その直後の○月△日頃から、周りに迷惑をかけているため、自分から辞めるようにと何度も言われ、執拗な退職の強要を受けるようになった。働き続けたい旨を何度も会社に伝えたが、聞き入れてもらえず、○月□日に解雇理由を「勤務状況の不良のため」とする通知書を渡された。
その他参考となる事項			訴訟は提起しておらず、また、他の救済機関も利用していない。会社には労働組合があるが、本問題が労使交渉で取り上げられたことはない。

平成○年 ○月 ○日

　　　　　申請者　　氏名又は名称　　○山 ○子

　労働局長　○○　殿　　　　　　　　　　　　　　　※均等法に基づく制度になります。

V 個別労働紛争の実態（厚生労働省発表資料より）

平成27年度個別労働紛争解決制度施行状況

1 相談受付状況

（1）総合労働相談、民事上の個別労働紛争相談件数はともに高止まり

　厚生労働省では、各都道府県労働局、各労働基準監督署内、駅近隣の建物などに労働問題に関する相談に対応するための総合労働相談コーナーを設置しています。

　平成27年度に寄せられた相談件数は、以下のとおりです。

・総合労働相談件数
　1,034,936件
・民事上の個別労働紛争相談件数
　245,125件

　平成26年度と比べて、総合労働相談件数は1,889件（前年比0.2％増）増加し、民事上の個別労働紛争相談件数は6,319件（同2.6％）増加しました。平成21年度をピークに相談件数はやや下がってきているものの100万件超と高止まりとなっており、民事上の相談件数も横ばいとなっている状況です（第1図参照）。

第1図　総合労働相談件数および民事上の個別労働紛争相談件数の推移

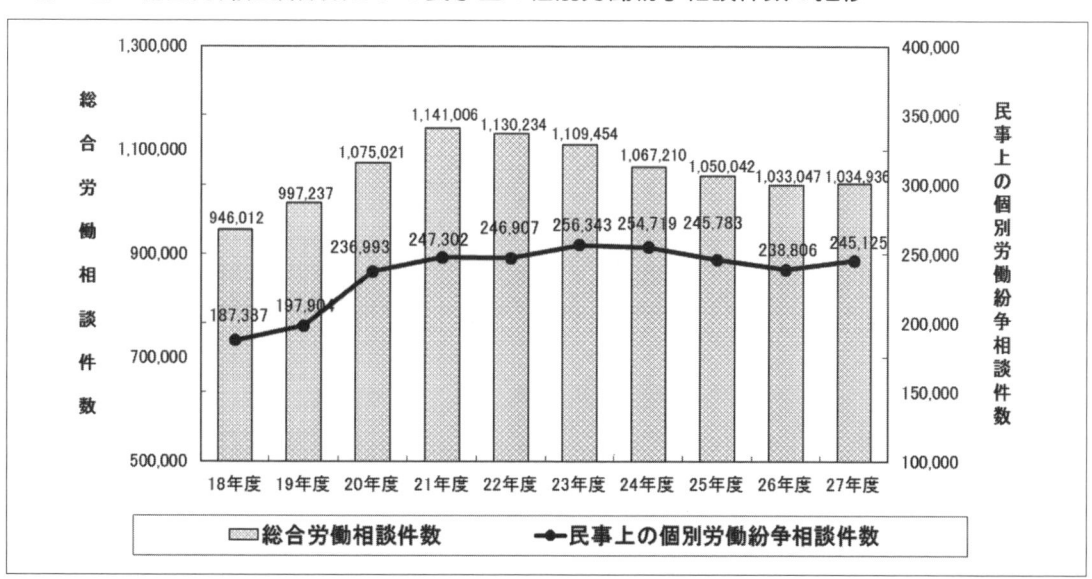

年度	総合労働相談件数	民事上の個別労働紛争相談件数
18年度	946,012	187,387
19年度	997,237	197,904
20年度	1,075,021	236,993
21年度	1,141,006	247,302
22年度	1,130,234	246,907
23年度	1,109,454	256,343
24年度	1,067,210	254,719
25年度	1,050,042	245,783
26年度	1,033,047	238,806
27年度	1,034,936	245,125

※「民事上の個別労働紛争」とは、労働条件その他労働関係に関する事項についての個々の労働者と事業主との間の紛争（労働基準法等の違反に係るものを除く）。

（2）内容は「解雇」に関するものが引き続き減少、「いじめ・嫌がらせ」「自己都合退職」の増加が目立つ

平成27年度の民事上の個別労働紛争相談の内訳をみると、「いじめ・嫌がらせ」に関するものが22.4％と最も多く、「解雇」12.7％、「自己都合退職」12.7％となっています（第1表参照）。

平成26年度と比べて、高水準である「いじめ・嫌がらせ」に関するもの（平成26年度比7.0％増）、「自己都合退職」（平成26年度比8.7％増）は増加したが、「解雇」（平成26年度比3.0％減）、「労働条件の引下げ」（平成26年度比5.8％減）は減少しました。

第1表　民事上の個別労働紛争相談件数の推移（相談内容別）

	解雇	雇止め	退職勧奨	採用内定取消	自己都合退職	出向・配置転換	労働条件の引下げ	その他の労働条件	いじめ・嫌がらせ	雇用管理等	募集・採用	その他	内訳延べ合計件数
18年度	51,028 23.8%	6,719 3.1%	15,738 7.3%	1,529 0.7%	14,521 6.8%	7,276 3.4%	27,312 12.8%	23,558 10.9%	22,153 10.3%	3,303 1.5%	3,749 1.8%	37,318 17.4%	214,204 100%
19年度	51,749 22.9%	7,886 3.5%	17,410 7.7%	1,555 0.7%	15,746 7.0%	8,188 3.6%	28,235 12.5%	25,203 11.1%	28,335 12.5%	3,888 1.7%	3,255 1.4%	35,010 15.5%	226,460 100%
20年度	67,230 25.0%	12,797 4.8%	22,433 8.4%	2,007 0.7%	16,533 6.2%	9,262 3.5%	35,194 13.1%	27,086 10.1%	32,242 12.0%	4,098 1.5%	3,433 1.3%	36,086 13.4%	268,401 100%
21年度	69,121 24.5%	13,610 4.8%	26,514 9.4%	1,933 0.7%	16,632 5.9%	9,790 3.5%	38,131 13.5%	27,765 9.8%	35,759 12.7%	3,877 1.4%	3,139 1.1%	35,630 12.6%	281,901 100%
22年度	60,118 21.2%	13,892 4.9%	25,902 9.1%	1,861 0.7%	20,265 7.2%	9,051 3.2%	37,210 13.1%	29,488 10.4%	39,405 13.9%	4,834 1.7%	3,108 1.1%	38,007 13.4%	283,141 100%
23年度	57,785 18.9%	13,675 4.5%	26,828 8.8%	2,010 0.7%	25,966 8.5%	9,946 3.3%	36,849 12.1%	37,575 12.3%	45,939 15.1%	5,361 1.8%	3,180 1.0%	40,010 13.1%	305,124 100%
24年度	51,515 16.9%	13,432 4.4%	25,838 8.5%	1,896 0.6%	29,763 9.8%	9,783 3.2%	33,955 11.2%	37,842 12.4%	51,670 17.0%	6,136 2.0%	3,322 1.1%	38,906 12.8%	304,058 100%
25年度	43,956 14.6%	12,780 4.3%	25,041 8.3%	1,813 0.6%	33,049 11.0%	9,748 3.2%	30,067 10.0%	37,811 12.6%	59,197 19.7%	5,928 2.0%	3,025 1.0%	37,698 12.6%	300,113 100%
26年度	38,966 13.4%	12,163 4.2%	21,928 7.5%	1,639 0.6%	34,626 11.9%	9,458 3.3%	28,015 9.6%	36,026 12.4%	62,191 21.4%	5,127 1.8%	2,819 1.0%	37,667 13.0%	290,625 100%
27年度	37,787 12.7%	11,997 4.0%	22,110 7.4%	1,604 0.5%	37,648 12.7%	9,864 3.3%	26,392 8.9%	37,177 12.5%	66,566 22.4%	5,422 1.8%	3,041 1.0%	37,969 12.8%	297,577 100%

※年度ごとに上段が件数、下段が相談内容の全体（内訳延べ合計件数）に占める割合。

（3）相談者は正社員、パート・アルバイトが増加し、期間契約社員が減少

平成27年度の民事上の個別労働紛争相談の相談者は、労働者（求職者を含む）が82.0％と大半を占めており、事業主からの相談は10.0％でした。労働者の就労状況は、正社員が37.8％と最も多く、「パート・アルバイト」16.3％、「期間契約社員」10.5％、「派遣労働者」4.3％となっています。

平成26年度と比べて、「正社員」「期間契約社員」の割合が減少しているものの、大きな変化はみられません（第2表参照）。

第2表　民事上の個別労働紛争相談件数の推移（就労形態別）

	正社員	パート・アルバイト	派遣労働者	期間契約社員	その他・不明	合計件数
18年度	91,486	33,097	10,783	12,715	39,306	187,387
	48.8%	17.7%	5.8%	6.8%	21.0%	100%
19年度	94,993	34,096	13,615	13,715	41,485	197,904
	48.0%	17.2%	6.9%	6.9%	21.0%	100%
20年度	108,972	38,728	19,733	19,589	49,971	236,993
	46.0%	16.3%	8.3%	8.3%	21.1%	100%
21年度	115,670	42,792	12,126	22,651	54,063	247,302
	46.8%	17.3%	4.9%	9.2%	21.9%	100%
22年度	108,622	43,559	9,917	25,203	59,606	246,907
	44.0%	17.6%	4.0%	10.2%	24.1%	100%
23年度	106,357	43,998	11,134	27,030	67,824	256,343
	41.5%	17.2%	4.3%	10.5%	26.5%	100%
24年度	101,472	42,309	10,827	27,094	73,017	254,719
	39.8%	16.6%	4.3%	10.6%	28.7%	100%
25年度	97,573	40,604	10,031	26,696	70,879	245,783
	39.7%	16.5%	4.1%	10.9%	28.8%	100%
26年度	91,111	38,583	10,399	26,128	72,585	238,806
	38.2%	16.2%	4.4%	10.9%	30.4%	100%
27年度	92,624	39,841	10,549	25,732	76,379	245,125
	37.8%	16.3%	4.3%	10.5%	31.2%	100%

※年度ごとに上段が件数、下段が相談対象の労働者の就労形態の全体（合計件数）に占める割合。

2 都道府県労働局長による助言・指導および紛争調整委員会によるあっせん

(1) 助言・指導申出件数、あっせん申請件数ともに前年より減少

相談によっても、紛争の自主的解決に至らなかった事案については、労使間の民事上の個別労働紛争の解決を図るため、この制度では、

① 都道府県労働局長による助言・指導
② 紛争調整委員会によるあっせん

を運用しており、これらの平成27年度の運用状況は以下のとおりとなっています。

- 助言・指導申出受付件数　　8,925件
- あっせん申請受理件数　　　4,775件

平成26年度と比べて、助言・指導申出件数は546件（平成26年度比5.8％減）減少し、あっせん申請受理件は235件（同4.7％減）減少しました（第2図参照）。

第2図　助言・指導申出件数およびあっせん申請件数の推移

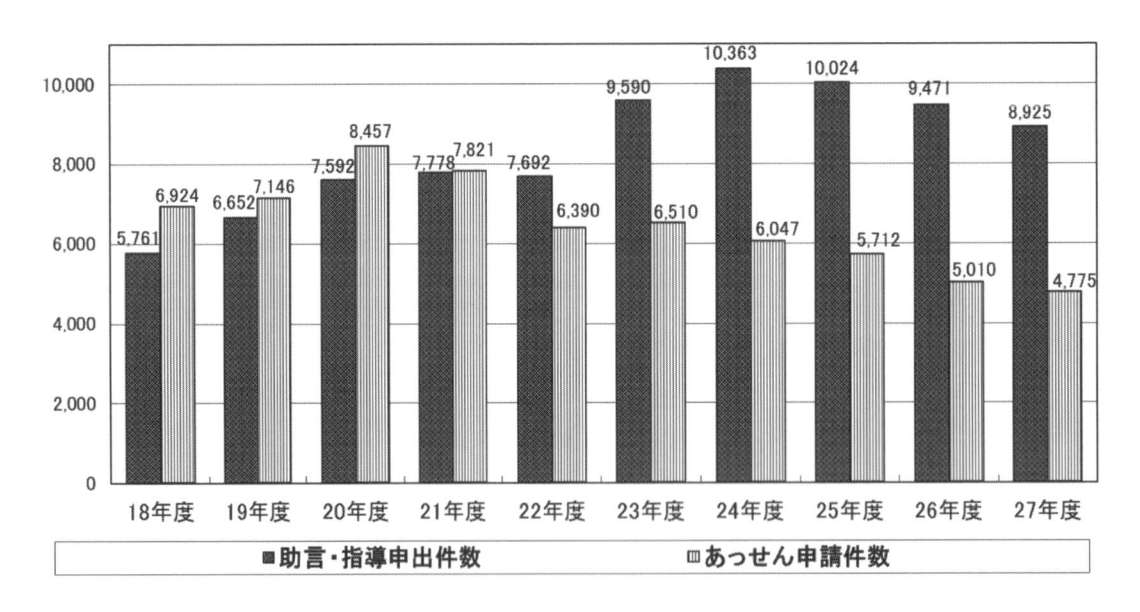

年度	助言・指導申出件数	あっせん申請件数
18年度	5,761	6,924
19年度	6,652	7,146
20年度	7,592	8,457
21年度	7,778	7,821
22年度	7,692	6,390
23年度	9,590	6,510
24年度	10,363	6,047
25年度	10,024	5,712
26年度	9,471	5,010
27年度	8,925	4,775

（2）助言・指導内容は、「いじめ・嫌がらせ」が増加、「解雇」「労働条件の引下げ」が減少

平成27年度の助言・指導申出内容の内訳としては、「いじめ・嫌がらせ」に関するものが2,049件（21.0％）、「解雇」が1,180件（12.1％）、「自己都合退職」が962件（9.9％）、「労働条件の引下げ」が804件（8.3％）と多くなっています（第3表参照）。

申出人は労働者が99.4％と大半を占め、事業主からの申出は0.6％でした。紛争当事者である労働者の就労形態は、「正社員」が4,219件（47.3％）、「パート・アルバイト」が2,117件（23.7％）、「期間契約社員」が1,548件（17.3％）、「派遣労働者」が561件（6.3％）でした。

第3表　助言・指導申出内容の内訳

	解雇	雇止め	退職勧奨	採用内定取消	自己都合退職	出向・配置転換	労働条件の引下げ	その他の労働条件	いじめ・嫌がらせ	雇用管理等	募集・採用	その他	内訳延べ合計件数
18年度	1,593	226	352	65	328	258	611	690	564	88	89	991	5,855
	27.2%	3.9%	6.0%	1.1%	5.6%	4.4%	10.4%	11.8%	9.6%	1.5%	1.5%	16.9%	100%
19年度	1,632	295	521	107	363	315	809	721	759	107	64	1,108	6,801
	24.0%	4.3%	7.7%	1.6%	5.3%	4.6%	11.9%	10.6%	11.2%	1.6%	0.9%	16.3%	100%
20年度	1,977	429	598	109	421	375	826	764	997	135	102	1,132	7,865
	25.1%	5.5%	7.6%	1.4%	5.4%	4.8%	10.5%	9.7%	12.7%	1.7%	1.3%	14.4%	100%
21年度	1,986	472	719	102	418	408	918	749	1,000	204	80	1,093	8,149
	24.4%	5.8%	8.8%	1.3%	5.1%	5.0%	11.3%	9.2%	12.3%	2.5%	1.0%	13.4%	100%
22年度	1,710	504	696	104	500	353	840	1,018	1,072	177	86	1,024	8,084
	21.2%	6.2%	8.6%	1.3%	6.2%	4.4%	10.4%	12.6%	13.3%	2.2%	1.1%	12.7%	100%
23年度	2,006	567	890	116	707	414	988	1,237	1,466	329	98	1,392	10,210
	19.6%	5.6%	8.7%	1.1%	6.9%	4.1%	9.7%	12.1%	14.4%	3.2%	1.0%	13.6%	100%
24年度	1,811	601	900	127	843	443	1,084	1,693	1,735	344	123	1,385	11,089
	16.3%	5.4%	8.1%	1.1%	7.6%	4.0%	9.8%	15.3%	15.6%	3.1%	1.1%	12.5%	100%
25年度	1,547	626	858	111	911	465	960	1,561	2,046	378	90	1,215	10,768
	14.4%	5.8%	8.0%	1.0%	8.5%	4.3%	8.9%	14.5%	19.0%	3.5%	0.8%	11.3%	100%
26年度	1,303	566	745	102	947	467	941	1,610	1,955	331	99	1,282	10,348
	12.6%	5.5%	7.2%	1.0%	9.2%	4.5%	9.1%	15.6%	18.9%	3.2%	1.0%	12.4%	100%
27年度	1,180	534	662	93	962	450	804	1,471	2,049	414	106	1,017	9,742
	12.1%	5.5%	6.8%	1.0%	9.9%	4.6%	8.3%	15.1%	21.0%	4.2%	1.1%	10.4%	100%

※年度ごとに上段が件数、下段が申出内容の全体（内訳延べ合計件数）に占める割合。

（3）あっせん申請内容は、「退職勧奨」が減少、「いじめ・嫌がらせ」「雇止め」「自己都合退職」は前年度並み

平成27年度のあっせん申請内容の内訳を見ると、「いじめ・嫌がらせ」に関するものが27.2％と最も多く、「解雇」24.7％、「雇止め」9.2％、「退職勧奨」6.9％と続いています（第4表）。件数は平成26年度と比べ「退職勧奨」「解雇」に関するものが減少し、「自己都合退職」「雇止め」が増加しました。

申請人は労働者が98.1％と大半を占め、事業主は1.7％、労使双方からの申請は0.2％でした。紛争の当事者である労働者の就労形態は、「正社員」が47.6％、「パート・アルバイト」19.9％、「期間契約社員」20.3％、「派遣労働者」が6.3％でした。

第4表　あっせん申請内容の内訳

	解雇	雇止め	退職勧奨	採用内定取消	自己都合退職	出向・配置転換	労働条件の引下げ	その他の労働条件	いじめ・嫌がらせ	雇用管理等	その他	内訳延べ合計件数
18年度	2,823	323	484	190	197	219	595	531	931	66	805	7,164
	39.4%	4.5%	6.8%	2.7%	2.7%	3.1%	8.3%	7.4%	13.0%	0.9%	11.2%	100%
19年度	2,771	380	590	182	189	238	641	578	1,118	84	640	7,411
	37.4%	5.1%	8.0%	2.5%	2.6%	3.2%	8.6%	7.8%	15.1%	1.1%	8.6%	100%
20年度	3,503	526	606	235	189	281	751	525	1,340	82	798	8,836
	39.6%	6.0%	6.9%	2.7%	2.1%	3.2%	8.5%	5.9%	15.2%	0.9%	9.0%	100%
21年度	3,404	603	607	202	176	190	709	433	1,045	56	707	8,132
	41.9%	7.4%	7.5%	2.5%	2.2%	2.3%	8.7%	5.3%	12.9%	0.7%	8.7%	100%
22年度	2,510	533	507	154	111	177	554	523	965	69	588	6,691
	37.5%	8.0%	7.6%	2.3%	1.7%	2.6%	8.3%	7.8%	14.4%	1.0%	8.8%	100%
23年度	2,415	609	523	165	182	194	597	432	1,121	58	559	6,855
	35.2%	8.9%	7.6%	2.4%	2.7%	2.8%	8.7%	6.3%	16.4%	0.8%	8.2%	100%
24年度	1,904	515	574	150	174	178	515	599	1,297	90	423	6,419
	29.7%	8.0%	8.9%	2.3%	2.7%	2.8%	8.0%	9.3%	20.2%	1.4%	6.6%	100%
25年度	1,614	548	470	146	109	175	546	548	1,474	77	355	6,062
	26.6%	9.0%	7.8%	2.4%	1.8%	2.9%	9.0%	9.0%	24.3%	1.3%	5.9%	100%
26年度	1,392	480	422	114	149	135	382	496	1,473	83	387	5,513
	25.2%	8.7%	7.7%	2.1%	2.7%	2.4%	6.9%	9.0%	26.7%	1.5%	7.0%	100%
27年度	1,318	493	368	107	151	152	349	544	1,451	64	338	5,335
	24.7%	9.2%	6.9%	2.0%	2.8%	2.8%	6.5%	10.2%	27.2%	1.2%	6.3%	100%

※年度ごとに上段が件数、下段が申請内容の全体（内訳延べ合計件数）に占める割合。

（4）助言・指導制度利用者は、正社員の割合が減少

平成27年度の助言・指導申出人の労働者の就労形態は、「正社員」が47.3％と最も多く、「パート・アルバイト」23.7％、「期間契約社員」17.3％、「派遣労働者」が6.3％でした。平成26年度と比べ正社員の割合が減少し、非正規雇用の割合が増加しました。

平成27年度のあっせん申請人の労働者の就労形態は、「正社員」47.6％、「パート・アルバイト」19.9％、「期間契約社員」20.3％、「派遣労働者」6.3％でした。平成26年度と比べ「期間契約社員」の割合が増加していますが、ほかは前年と大差ありません。

第5表　助言・指導申出件数の推移（就労形態別）

	正社員	パート・アルバイト	派遣労働者	期間契約社員	その他・不明	合計件数
18年度	3,125	1,227	416	549	444	5,761
	54.2%	21.3%	7.2%	9.5%	7.7%	100%
19年度	3,449	1,406	594	693	510	6,652
	51.8%	21.1%	8.9%	10.4%	7.7%	100%
20年度	3,761	1,536	731	980	584	7,592
	49.5%	20.2%	9.6%	12.9%	7.7%	100%
21年度	4,006	1,796	348	1,080	548	7,778
	51.5%	23.1%	4.5%	13.9%	7.0%	100%
22年度	3,715	1,823	356	1,297	501	7,692
	48.3%	23.7%	4.6%	16.9%	6.5%	100%
23年度	4,654	2,353	497	1,517	569	9,590
	48.5%	24.5%	5.2%	15.8%	5.9%	100%
24年度	5,027	2,404	658	1,682	592	10,363
	48.5%	23.2%	6.3%	16.2%	5.7%	100%
25年度	4,895	2,392	557	1,685	495	10,024
	48.8%	23.9%	5.6%	16.8%	4.9%	100%
26年度	4,630	2,171	570	1,590	510	9,471
	48.9%	22.9%	6.0%	16.8%	5.4%	100%
27年度	4,219	2,117	561	1,548	480	8,925
	47.3%	23.7%	6.3%	17.3%	5.4%	100%

※年度ごとに上段が件数、下段が紛争の対象となっている労働者の就労形態の全体（合計件数）に占める割合。

第6表　あっせん申請件数の推移（就労形態別）

	正社員	パート・アルバイト	派遣労働者	期間契約社員	その他・不明	合計件数
18年度	4,051	1,326	450	698	399	6,924
	58.5%	19.2%	6.5%	10.1%	5.8%	100%
19年度	4,109	1,318	532	828	359	7,146
	57.5%	18.4%	7.4%	11.6%	5.0%	100%
20年度	4,668	1,470	818	1,012	489	8,457
	55.2%	17.4%	9.7%	12.0%	5.8%	100%
21年度	4,256	1,470	458	1,095	542	7,821
	54.4%	18.8%	5.9%	14.0%	6.9%	100%
22年度	3,159	1,291	350	1,044	546	6,390
	49.4%	20.2%	5.5%	16.3%	8.5%	100%
23年度	3,281	1,239	379	1,165	446	6,510
	50.4%	19.0%	5.8%	17.9%	6.9%	100%
24年度	3,007	1,182	327	1,063	468	6,047
	49.7%	19.5%	5.4%	17.6%	7.7%	100%
25年度	2,823	1,211	339	1,059	280	5,712
	49.4%	21.2%	5.9%	18.5%	4.9%	100%
26年度	2,381	1,010	335	983	301	5,010
	47.5%	20.2%	6.7%	19.6%	6.0%	100%
27年度	2,273	950	300	967	285	4,775
	47.6%	19.9%	6.3%	20.3%	6.0%	100%

※年度ごとに上段が件数、下段が紛争の対象となっている労働者の就労形態の全体（合計件数）に占める割合。

（5）助言・指導は1カ月以内に99.1％、あっせんは2カ月以内に93.6％処理しており、迅速処理を実現

（助言・指導）

助言・指導申出を受け付けた事案の都道府県労働局における処理状況をみると、平成27年度に処理したものは、8,954件でした。

このうち8,616件（96.2％）について助言・指導を実施しました。また、申出が取り下げられたものは224件で2.5％、処理を打ち切ったものは92件で1.0％です。

平成27年度の助言・指導の処理期間は、1カ月以内が99.1％（平成21年度比1.8％増）で、おおむね1カ月以内での処理が行われました。

（あっせん）

あっせん申請を受理した事案の都道府県労働局における処理状況をみると、平成27年度に処理したものは、4,679件でした。

このうち合意が成立したものは1,837件（39.3％）、申請人の都合により申請が取り下げられたものは218件（4.7％）、紛争当事者の一方

が手続に参加しないなどの理由で、あっせんを打ち切ったものは1,677件（35.8％）となりました。

平成27年度のあっせんの処理期間は1カ月以内が45.2％、1カ月を超え2カ月以内が44.9％で、2カ月以内に処理終了したものが90.1％（前年度比1.9％減）となっています。

平成27年度個別労働紛争解決制度の運用状況（概要）

（平成27年4月1日〜平成28年3月31日）

※（　）内は平成26年度、《　》は平成25年度の実績

1．総合労働相談コーナーに寄せられた相談　1,034,936件（1,033,047）《1,050,042》						
相談者の種類							
	労働者	618,091件 (616,613) 《630,070》	事業主	291,303件 (292,400) 《298,031》	その他	125,542件 (124,034) 《121,941》

2．民事上の個別労働に係る相談の件数　245,125件（238,806）《245,783》						
① 相談者の種類							
	労働者	200,969件 (195,198) 《199,123》	事業主	24,507件 (24,766) 《27,530》	その他	19,649件 (18,842) 《19,130》
② 労働者の就労状況							
	正社員	92,624件 (91,111) 《97,573》	パート・アルバイト	39,841件 (38,583) 《40,604》	派遣労働者	10,549件 (10,399) 《10,031》
	期間契約社員	25,732件 (26,128) 《26,696》	その他	76,379件 (72,585) 《70,879》		
③ 紛争の内容　［※内訳が複数にまたがる事案もあるため、合計が 297,577件になる。］ 　　　　　　　　　　　　　　　　　　　　　　　　　（290,625）《300,113》							
	普通解雇	30,218件 (30,796) 《34,533》	整理解雇	3,487件 (3,845) 《4,548》	懲戒解雇	4,082件 (4,325) 《4,875》
	雇止め	11,997件 (12,163) 《12,780》	退職勧奨	22,110件 (21,928) 《25,041》	採用内定取消し	1,604件 (1,639) 《1,813》
	自己都合退職	37,648件 (34,626) 《33,049》	出向・配置転換	9,864件 (9,458) 《9,748》	労働条件の引下げ	26,392件 (28,015) 《30,067》

その他の労働条件	37,177 件 (36,026) 《37,811》	いじめ・嫌がらせ	66,566 件 (62,191) 《59,197》	雇用管理等	5,422 件 (5,127) 《5,928》	
募集・採用	3,041 件 (2,819) 《3,025》	その他	37,969 件 (37,667) 《37,698》			

3．都道府県労働局長による助言・指導の件数

（1）助言・指導の申出件数　8,925 件（9,471）《10,024》

① 申出人の種類

労働者	8,867 件 (9,376) 《9,951》	事業主	58 件 (95) 《73》

② 労働者の就労状況

正社員	4,219 件 (4,630) 《4,895》	パート・アルバイト	2,117 件 (2,171) 《2,392》	派遣労働者	561 件 (570) 《557》
期間契約社員	1,548 件 (1,590) 《1,685》	その他	480 件 (510) 《495》		

③ 紛争の内容　［※内訳が複数にまたがる事案もあるため、合計が　9,742 件になる。］
　　　　　　　　　　　　　　　　　　　　　　　　　　　　　　　（10,348）《10,768》

普通解雇	1,007 件 (1,117) 《1,301》	整理解雇	87 件 (95) 《143》	懲戒解雇	86 件 (91) 《103》
雇止め	534 件 (566) 《626》	退職勧奨	662 件 (745) 《858》	採用内定取消し	93 件 (102) 《111》
自己都合退職	962 件 (947) 《911》	出向・配置転換	450 件 (467) 《465》	労働条件の引下げ	804 件 (941) 《960》
その他の労働条件	1,471 件 (1,610) 《1,561》	いじめ・嫌がらせ	2,049 件 (1,955) 《2,046》	雇用管理等	414 件 (331) 《378》
募集・採用	106 件 (99) 《90》	その他	1,017 件 (1,282) 《1,215》		

（2）年度内に助言・指導の申出を処理した件数　8,954 件（9,452）《10,037》

処理の区分					
助言を実施	8,616 件 (9,104) 《9,693》	指導を実施	0 件 (0) 《0》		
取下げ	224 件 (241) 《262》	打切り	92 件 (81) 《62》	その他	22 件 (26) 《20》

4．紛争調整委員会によるあっせんの件数

（1）あっせんの申請件数　4,775 件（5,010）《5,712》

① 申請人の種類					
労働者	4,683 件 (4,918) 《5,610》	事業主	81 件 (81) 《99》	労使双方	11 件 (11) 《3》
② 労働者の就労状況					
正社員	2,273 件 (2,381) 《2,823》	パート・アルバイト	950 件 (1,010) 《1,211》	派遣労働者	300 件 (335) 《339》
期間契約社員	967 件 (983) 《1,059》	その他	285 件 (301) 《280》		

③　紛争の内容　［※内訳が複数にまたがる事案もあるため、合計が 5,335 件になる。］
　　　(5,513)《6,062》

普通解雇	1,120 件 (1,181) 《1,353》	整理解雇	129 件 (160) 《163》	懲戒解雇	69 件 (51) 《98》
雇止め	493 件 (480) 《548》	退職勧奨	368 件 (422) 《470》	採用内定取消し	107 件 (114) 《146》
自己都合退職	151 件 (149) 《109》	出向・配置転換	152 件 (135) 《175》	労働条件の引下げ	349 件 (382) 《546》
その他の労働条件	544 件 (496) 《548》	いじめ・嫌がらせ	1,451 件 (1,473) 《1,474》	雇用管理等	64 件 (83) 《77》

	その他	338 件 （387） 《355》			
（2）年度内にあっせんの申請を処理した件数　4,679 件（5,045）《5,688》					
	当事者双方があっせんに参加し、あっせんを開催したもの　2,666 件（2,735）《3,128》				
	① 処理の区分				
	当事者間の合意の成立	1,837 件 （1,895） 《2,225》	（うちあっせんを開催せずに合意したもの）		117 件 （91） 《127》
	申請の取下げ	218 件 （277） 《307》		その他	5 件 （23） 《15》
	打切り	2,619 件 （2,850） 《3,141》	（うち不参加による打切り）		1,677 件 （1,934） 《2,102》
	② 処理の期間				
	1 カ月以内	2,113 件 （2,458） 《2,842》	1 カ月を超えて 2 カ月以内	2,101 件 （2,181） 《2,387》	2 カ月以内　4,214 件 （4,639） 《5,229》

最近 3 カ年度の主な紛争の動向（民事上の個別労働紛争に係る相談件数）

	25 年度	26 年度	27 年度
いじめ・嫌がらせ	59,197 （＋14.6%）	62,191 （＋5.1%）	66,566 （＋7.0%）
解　　雇	43,956 （－14.7%）	38,966 （－11.4%）	37,787 （－3.0%）
自己都合退職	33,049 （＋11.0%）	34,626 （＋4.8%）	37,648 （＋8.7%）
労働条件の引下げ	30,067 （－11.5%）	28,015 （－6.8%）	26,392 （－5.8%）

※　（　）内は対前年度比

1カ月以内に処理した助言・指導処理件数の推移

	18年度	19年度	20年度	21年度	22年度	23年度	24年度	25年度	26年度	27年度
件数	5,372	6,295	7,250	7,405	7,490	9,270	10,019	9,677	9,193	8,874
全体に占める割合	(93.4%)	(95.5%)	(96.1%)	(95.6%)	(97.6%)	(96.8%)	(97.4%)	(96.4%)	(97.3%)	(99.1%)

紛争当事者双方のあっせんの参加率の推移

	23年度	24年度	25年度	26年度	27年度
紛争当事者双方のあっせん参加件数	3,372	3,168	3,128	2,735	2,666
全体に占める割合	(53.0%)	(52.3%)	(55.0%)	(54.2%)	(57.0%)

あっせんにおける合意率の推移

	23年度	24年度	25年度	26年度	27年度
合意件数	2,438	2,272	2,225	1,895	1,837
全体に占める割合	(38.3%)	(37.5%)	(39.1%)	(37.6%)	(39.3%)

2カ月以内に処理したあっせん処理件数の推移

	18年度	19年度	20年度	21年度	22年度	23年度	24年度	25年度	26年度	27年度
件数	6,396	6,484	7,299	7,325	6,005	6,014	5,683	5,229	4,639	4,214
全体に占める割合	(94.2%)	(92.2%)	(92.2%)	(90.5%)	(93.6%)	(94.5%)	(93.8%)	(92.0%)	(92.0%)	(90.1%)

平成27年度都道府県別個別労働紛争解決制度の運用状況について
(平成27年4月1日～平成28年3月31日)

	労働局名	総合労働相談件数	民事上の個別労働紛争相談件数	労働局長の助言・指導申出件数	紛争調整委員会のあっせん申請件数
1	北海道	36,254	8,187	202	230
2	青森	10,590	2,763	89	48
3	岩手	10,599	2,908	165	52
4	宮城	21,706	5,875	193	87
5	秋田	6,856	2,863	80	48
6	山形	9,809	2,978	208	48
7	福島	17,175	5,721	33	49
8	茨城	20,590	5,352	192	67
9	栃木	13,031	2,802	113	102
10	群馬	16,398	4,983	122	42
11	埼玉	54,746	10,939	620	222
12	千葉	40,290	7,376	354	97
13	東京	121,601	25,337	651	1,031
14	神奈川	49,135	12,930	286	185
15	新潟	13,872	4,078	150	60
16	富山	6,411	1,800	53	37
17	石川	7,071	2,530	126	48
18	福井	5,797	1,866	77	34
19	山梨	5,764	1,208	19	13
20	長野	16,464	5,750	101	132
21	岐阜	15,837	4,098	62	45
22	静岡	34,376	5,950	497	164

23	愛知	78,219	16,312	609	288
24	三重	14,018	3,366	146	32
25	滋賀	12,409	2,854	252	80
26	京都	22,633	7,991	261	95
27	大阪	110,418	19,183	657	408
28	兵庫	52,237	15,765	878	222
29	奈良	9,249	1,883	89	82
30	和歌山	6,080	1,031	49	12
31	鳥取	4,132	1,572	76	32
32	島根	5,355	1,804	64	30
33	岡山	14,135	3,258	76	83
34	広島	27,486	6,932	123	67
35	山口	11,831	2,630	192	30
36	徳島	9,873	1,623	73	18
37	香川	7,408	1,956	69	15
38	愛媛	9,762	2,481	136	42
39	高知	4,777	1,293	40	26
40	福岡	43,107	6,534	217	61
41	佐賀	7,987	2,202	17	33
42	長崎	9,545	2,921	113	36
43	熊本	9,188	3,062	162	52
44	大分	6,111	1,923	60	17
45	宮崎	8,835	2,396	59	50
46	鹿児島	7,528	3,363	50	55
47	沖縄	8,241	2,496	64	68
	計	1,034,936	245,125	8,925	4,775

Ⅵ 資　料

総合労働相談コーナー設置箇所一覧

労働局	名称	郵便番号	所在地	電話番号
01　北海道	北海道労働局	060-8566	札幌市北区北8条西2-1-1　札幌第1合同庁舎9階　雇用環境・均等部指導課内	011-707-2700
	札幌中央	060-8587	札幌市北区北8条西2-1-1　札幌第1合同庁舎7階　札幌中央労働基準監督署内	011-737-1195
	札幌東	004-8518	札幌市厚別区厚別中央2-1-2-5　札幌東労働基準監督署内	011-894-1120
	函館	040-0032	函館市新川町25-18　函館地方合同庁舎　函館労働基準監督署内	0138-23-1276
	小樽	047-0007	小樽市港町5-2　小樽地方合同庁舎　小樽労働基準監督署内	0134-33-7651
	岩見沢	068-0005	岩見沢市5条東15-7-7　岩見沢地方合同庁舎　岩見沢労働基準監督署内	0126-22-4490
	旭川	078-8505	旭川市宮前1条3-3-15　旭川合同庁舎西館6階　旭川労働基準監督署内	0166-35-5901
	帯広	080-0016	帯広市西6条南7-3　帯広地方合同庁舎　帯広労働基準監督署内	0155-22-8100
	北見	090-8540	北見市青葉町6-8　北見地方合同庁舎　北見労働基準監督署内	0157-23-7406
	室蘭	051-0023	室蘭市入江町1-13　室蘭地方合同庁舎　室蘭労働基準監督署内	0143-23-6131
	苫小牧	053-8540	苫小牧市港町1-6-15　苫小牧港湾合同庁舎2階　苫小牧労働基準監督署内	0144-33-7396
	釧路	085-8510	釧路市柏木町2-12　釧路労働基準監督署内	0154-42-9711
	名寄	096-0014	名寄市西4条南9-16　名寄労働基準監督署内	01654-2-3186
	滝川	073-8502	滝川市緑町2-5-30　滝川労働基準監督署内	0125-24-7361
	稚内	097-0001	稚内市末広3-3-1　稚内労働基準監督署内	0162-23-3833
	留萌	077-0048	留萌市大町2-12　留萌地方合同庁舎　留萌労働基準監督署内	0164-42-0463
	浦河	057-0034	浦河郡浦河町堺町西1-3-31　浦河労働基準監督署内	0146-22-2113
	倶知安	044-0011	虻田郡倶知安町南1条東3-1　倶知安地方合同庁舎4階　小樽労働基準監督署倶知安支署内	0136-22-0206

02	青森	青森労働局	030-8558	青森市新町 2-4-25　青森合同庁舎 6F	017-734-4212
		青森	030-0861	青森市長島 1-3-5　青森第 2 合同庁舎 8F 青森労働基準監督署内	017-734-4444
		弘前	036-8172	弘前市南富田町 5-1　弘前労働基準監督署内	0172-33-6411
		八戸	039-1166	八戸市根城 9-13-9　八戸合同庁舎 1F 八戸労働基準監督署内	0178-46-3311
		五所川原	037-0004	五所川原市唐笠柳字藤巻 507-5　五所川原合同庁舎 3F　五所川原労働基準監督署内	0173-35-2309
		十和田	034-0082	十和田市西二番町 14-12　十和田奥入瀬合同庁舎 3F　十和田労働基準監督署内	0176-23-2780
		むつ	035-0072	むつ市金谷 2-6-15　下北合同庁舎 4F むつ労働基準監督署内	0175-22-3136
03	岩手	岩手労働局	020-8522	盛岡市盛岡駅西通 1-9-15　盛岡第 2 合同庁舎	019-604-3002 0120-980-783
		盛岡	020-8523	盛岡市盛岡駅西通 1-9-15　盛岡第 2 合同庁舎 6 階　盛岡労働基準監督署内	019-604-2530
		宮古	027-0073	宮古市緑ヶ丘 5-29　宮古労働基準監督署内	0193-62-6455
		釜石	026-0041	釜石市上中島町 4-3-50　ＮＴＴ東日本上中島ビル 1 階　釜石労働基準監督署内	0193-23-0651
		花巻	025-0091	花巻市西大通り 1-6-24　花巻労働基準監督署内	0198-23-5231
		一関	021-0864	一関市旭町 5-11　一関労働基準監督署内	0191-23-4125
		大船渡	022-0002	大船渡市大船渡町字台 13-14 大船渡労働基準監督署内	0192-26-5231
		二戸	028-6103	二戸市石切所字荷渡 6-1　二戸合同庁舎 2 階 二戸労働基準監督署内	0195-23-4131
04	宮城	宮城労働局	983-8585	仙台市宮城野区鉄砲町 1　仙台第 4 合同庁舎	022-299-8834
		仙台	983-0861	仙台市宮城野区鉄砲町 1　仙台第 4 合同庁舎 仙台労働基準監督署内	022-299-9075
		石巻	986-0832	石巻市泉町 4-1-18　石巻労働基準監督署内	0225-22-3365
		古川	989-6161	大崎市古川駅南 2-9-47　古川労働基準監督署内	0229-22-2112
		大河原	989-1246	柴田郡大河原町字新東 24-25 大河原労働基準監督署内	0224-53-2154
		瀬峰	989-4521	栗原市瀬峰下田 50-8　瀬峰労働基準監督署内	0228-38-3131
		気仙沼	988-0066	気仙沼市東新城 1-7-1　気仙沼公共職業安定所内	0226-41-6725
05	秋田	秋田労働局	010-0951	秋田市山王 7-1-4　秋田第 2 合同庁舎 2 階	018-862-6684
		秋田	010-0951	秋田市山王 7-1-4　秋田第 2 合同庁舎 2 階 秋田労働基準監督署内	018-865-3671
		能代	016-0895	能代市末広町 4-20　能代合同庁舎 3 階 能代労働基準監督署内	0185-52-6151
		大館	017-0897	大館市字三の丸 6-2　大館労働基準監督署内	0186-42-4033
		横手	013-0033	横手市旭川 1-2-23　横手労働基準監督署内	0182-32-3111

		大曲	014-0063	大仙市大曲日の出町 1-3-4　大曲法務合同庁舎 1 階　大曲労働基準監督署内	0187-63-5151
		本荘	015-0885	由利本荘市水林 428　本荘労働基準監督署内	0184-22-4124
06	山形	山形労働局	990-8567	山形市香澄町 3-2-1　山交ビル 3 階	023-624-8226
		山形	990-0041	山形市緑町 1-5-48　山形地方合同庁舎 山形労働基準監督署内	023-624-6211
		米沢	992-0012	米沢市金池 3-1-39　米沢地方合同庁舎 米沢労働基準監督署内	0238-23-7120
		庄内	997-0047	鶴岡市大塚町 17-27　鶴岡合同庁舎 庄内労働基準監督署内	0235-22-0714
		新庄	996-0011	新庄市東谷地田町 6-4　新庄合同庁舎 新庄労働基準監督署内	0233-22-0227
		村山	995-0024	村山市楯岡笛田 4-1-58　村山労働基準監督署内	0237-55-2815
07	福島	福島労働局	960-8021	福島市霞町 1-46　福島合同庁舎 5 階	0800-8004611 024-536-4600
		福島	960-8021	福島市霞町 1-46　福島合同庁舎 1 階 福島労働基準監督署内	024-536-4610
		郡山	963-8025	郡山市桑野 2-1-18　郡山労働基準監督署内	024-922-1370
		いわき	970-8026	いわき市平字堂根町 4-11　いわき地方合同庁舎 4 階　いわき労働基準監督署内	0246-23-2255
		会津	965-0803	会津若松市城前 2-10　会津労働基準監督署内	0242-26-6494
		白河	961-0074	白河市郭内 1-124　白河労働基準監督署内	0248-24-1391
		喜多方	966-0896	喜多方市諏訪 91　喜多方労働基準監督署内	0241-22-4211
		須賀川	962-0834	須賀川市旭町 204-1　須賀川労働基準監督署内	0248-75-3519
		相馬	976-0042	相馬市中村字桜ヶ丘 68　相馬労働基準監督署内	0244-36-4175
		富岡	970-8026	いわき市平字田町 120　ラトブ 8 階 富岡労働基準監督署仮事務所内	0246-35-0050
08	茨城	茨城労働局	310-8511	水戸市宮町 1-8-31	029-224-6265
		水戸	310-0015	水戸市宮町 1-8-31　水戸労働基準監督署内	029-226-2237
		日立	317-0073	日立市幸町 2-9-4　日立労働基準監督署内	0294-22-5187
		土浦	300-0043	土浦市中央 2-14-11　土浦労働基準監督署内	029-821-5127
		筑西	308-0825	筑西市下中山 581-2　筑西労働基準監督署内	0296-22-4564
		古河	306-0011	古河市東 3-7-32　古河労働基準監督署内	0280-32-3232
		常総	303-0022	常総市水海道渕頭町 3114-4 常総労働基準監督署内	0297-22-0264
		龍ケ崎	301-0005	龍ケ崎市川原代町 4-6336-1 龍ケ崎労働基準監督署内	0297-62-3331
		鹿嶋	314-0031	鹿嶋市宮中 1995-1　鹿嶋労働基準監督署内	0299-83-8461
09	栃木	栃木労働局	320-0845	宇都宮市明保野町 1-4　宇都宮第 2 地方合同庁舎	028-634-9112
		宇都宮	320-0845	宇都宮市明保野町 1-4　宇都宮第 2 地方合同庁舎 別館　宇都宮労働基準監督署内	028-633-4251
		足利	326-0807	足利市大正町 864　足利労働基準監督署内	0284-41-1188

		栃木	328-0042	栃木市沼和田町20-24　栃木労働基準監督署内	0282-24-7766
		鹿沼	322-0063	鹿沼市戸張町2365-5　鹿沼労働基準監督署内	0289-64-3215
		大田原	324-0041	大田原市本町2-2828-19 大田原労働基準監督署内	0287-22-2279
		日光	321-1261	日光市今市305-1　日光労働基準監督署内	0288-22-0273
		真岡	321-4305	真岡市荒町5195　真岡労働基準監督署内	0285-82-4443
10	群馬	群馬労働局	371-8567	前橋市大手町2-3-1　前橋地方合同庁舎9階	027-896-4733
		高崎	370-0045	高崎市東町134-12　高崎地方合同庁舎3階 高崎労働基準監督署内	027-322-4661
		前橋	371-0026	前橋市大手町2-3-1　前橋地方合同庁舎7階 前橋労働基準監督署内	027-896-3019
		伊勢崎	372-0024	伊勢崎市下植木町517 前橋労働基準監督署伊勢崎分庁舎内	0270-25-3363
		桐生	376-0045	桐生市末広町13-5　桐生地方合同庁舎1階 桐生労働基準監督署内	0277-44-3523
		太田	373-0817	太田市飯塚町104-1　太田労働基準監督署内	0276-45-9920
		沼田	378-0031	沼田市薄根町4468-4　沼田労働基準監督署内	0278-23-0323
		藤岡	375-0014	藤岡市下栗須124-10　藤岡労働基準監督署内	0274-22-1418
		中之条	377-0424	吾妻郡中之条町中之条664-1 中之条労働基準監督署内	0279-75-3034
11	埼玉	埼玉労働局	330 6016	さいたま市中央区新都心11-2　明治安田生命さいたま新都心ビル　ランド・アクシス・タワー16階	048-600-6262
		浦和駅西口	330-0063	さいたま市浦和区高砂1-5-1　浦和ISビル7階	048-822-0717
		さいたま	330-6014	さいたま市中央区新都心11-2　明治安田生命さいたま新都心ビル　ランド・アクシス・タワー14階　さいたま労働基準監督署内	048-600-4801
		川口	332-0015	川口市川口2-10-2　川口労働基準監督署内	048-252-3773
		熊谷	360-0856	熊谷市大字別府5-95　熊谷労働基準監督署内	048-533-3611
		川越	350-1118	川越市豊田本277-3　川越地方合同庁舎 川越労働基準監督署内	049-242-0892
		春日部	344-8506	春日部市南3-10-13　春日部労働基準監督署内	048-735-5227
		所沢	359-0042	所沢市並木6-1-3　所沢地方合同庁舎 所沢労働基準監督署内	04-2995-2582
		行田	361-8504	行田市桜町2-6-14　行田労働基準監督署内	048-556-4195
		秩父	368-0024	秩父市上宮地町23-24　秩父労働基準監督署内	0494-22-3725
12	千葉	千葉労働局	260-8612	千葉市中央区中央4-11-1 千葉第2地方合同庁舎	043-221-2303
		千葉駅前	260-0028	千葉市中央区新町3-13　千葉TNビル4階	0120-250650 043-246-4121

		千葉	260-8506	千葉市中央区中央 4-11-1　千葉第二地方合同庁舎　千葉労働基準監督署内	043-308-0671
		船橋	273-0022	船橋市海神町 2-3-13　船橋労働基準監督署内	047-431-0182
		柏	277-0005	柏市柏 255-31　柏労働基準監督署内	04-7163-0245
		銚子	288-0802	銚子市松本町 1-9-5　銚子労働基準監督署内	0479-22-8100
		木更津	292-0831	木更津市富士見 2-4-14　木更津地方合同庁舎　木更津労働基準監督署内	0438-22-6165
		茂原	297-0018	茂原市萩原町 3-20-3　茂原労働基準監督署内	0475-22-4551
		成田	286-0134	成田市東和田字高崎 553-4　成田労働基準監督署内	0476-22-5666
		東金	283-0005	東金市田間 65　東金労働基準監督署内	0475-52-4358
13	東京	東京労働局	102-8305	千代田区九段南 1-2-1　九段第 3 合同庁舎 14 階	03-3512-1608
		有楽町	100-0006	千代田区有楽町 2-10-1　東京交通会館 3 階	0120-601-556　03-5288-8500
		中央	112-8573	文京区後楽 1-9-20　飯田橋合同庁舎 6 階　中央労働基準監督署内	03-5803-7381
		上野	110-0008	台東区池之端 1-2-22　上野合同庁舎 7 階　上野労働基準監督署内	03-3828-6711
		三田	108-0014	港区芝 5-35-1　産業安全会館 3 階　三田労働基準監督署内	03-3452-5473
		品川	141-0021	品川区上大崎 3-13-26　品川労働基準監督署内	03-3443-5742
		大田	144-0052	大田区蒲田 5-40-3　月村ビル 8・9 階　大田労働基準監督署内	03-3732-0174
		渋谷	150-0041	渋谷区神南 1-3-5　渋谷神南合同庁舎 5 階　渋谷労働基準監督署内	03-3780-6527
		新宿	169-0073	新宿区百人町 4-4-1　新宿労働総合庁舎 4・5 階　新宿労働基準監督署内	03-3361-3949
		池袋	171-8502	豊島区池袋 4-30-20　豊島地方合同庁舎 1 階　池袋労働基準監督署内	03-3971-1257
		王子	115-0045	北区赤羽 2-8-5　王子労働基準監督署内	03-3902-6003
		足立	120-0026	足立区千住旭町 4-21　足立地方合同庁舎 4 階　足立労働基準監督署内	03-3882-1187
		向島	130-8612	墨田区錦糸 1-2-1　アルカセントラル 6 階　向島労働基準監督署内	03-5819-8730
		亀戸	136-8513	江東区亀戸 2-19-1　カメリアプラザ 8 階　亀戸労働基準監督署内	03-3685-5121
		江戸川	134-0091	江戸川区船堀 2-4-11　江戸川労働基準監督署内	03-3675-2125
		八王子	192-0046	八王子市明神町 3-8-10　八王子労働基準監督署内	0426-42-5296
		立川	190-8516	立川市緑町 4-2　立川合同庁舎 3 階　立川労働基準監督署内	042-523-4472
		青梅	198-0042	青梅市東青梅 2-6-2　青梅労働基準監督署内	0428-22-0285

		三鷹	180-8518	武蔵野市御殿山 1-1-3　クリスタルパークビル 3階　三鷹労働基準監督署内	0422-48-1161
		町田	194-0022	町田市森野 2-28-14　町田地方合同庁舎 2階　八王子労働基準監督署町田支署内	042-724-6881
14	神奈川	神奈川労働局	231-8434	横浜市中区北仲通 5-57　横浜第 2合同庁舎 13階	045-211-7358
		横浜駅西口	220-0004	横浜市西区北幸 1-11-15　横浜STビル 11階	045-317-7830
		横浜南	231-0003	横浜市中区北仲通 5-57　横浜第 2合同庁舎 9階　横浜南労働基準監督署内	045-211-7374
		鶴見	230-0051	横浜市鶴見区鶴見中央 2-6-18　鶴見労働基準監督署内	045-501-4968
		横浜西	240-8612	横浜市保土ヶ谷区岩井町 1-7　保土ヶ谷駅ビル 4階　横浜西労働基準監督署内	045-332-9311
		横浜北	222-0033	横浜市港北区新横浜 3-24-6　横浜港北地方合同庁舎 3階　横浜北労働基準監督署内	045-474-1251
		川崎南	210-0012	川崎市川崎区宮前町 8-2　川崎南労働基準監督署内	044-244-1272
		川崎北	213-0001	川崎市高津区溝口 1-21-9　川崎北労働基準監督署内	044-382-3190
		横須賀	238-0005	横須賀市新港町 1-8　横須賀地方合同庁舎 5階　横須賀労働基準監督署内	046-823-0858
		藤沢	251-0054	藤沢市朝日町 5-12　藤沢労働総合庁舎 3階　藤沢労働基準監督署内	0466-23-6753
		平塚	254-0041	平塚市浅間町 10-22　平塚地方合同庁舎 3階	0463-43-8615
		相模原	252-0236	相模原市中央区富士見 6-10-10　相模原地方合同庁舎 4階　相模原労働基準監督署内	042-752-2051
		厚木	243-0018	厚木市中町 3-2-6　厚木Tビル 5階　厚木労働基準監督署内	046-401-1641
		小田原	250-0004	小田原市浜町 1-7-11　小田原労働基準監督署内	0465-22-7151
15	新潟	新潟労働局	950-8625	新潟市中央区美咲町 1-2-1　新潟美咲合同庁舎 4号館	025-288-3518
		新潟	950-8625	新潟市中央区美咲町 1-2-1　新潟美咲合同庁舎 2号館	025-288-3571
		長岡	942-0022	長岡市千歳 1-3-88　長岡地方合同庁舎　長岡労働基準監督署内	0258-33-8711
		上越	943-0803	上越市春日野 1-5-22　上越地方合同庁舎　上越労働基準監督署内	025-524-2111
		三条	955-0055	三条市塚野目 2-5-11　三条労働基準監督署内	0256-32-1150
		新発田	957-8506	新発田市日渡 96　新発田地方合同庁舎　新発田労働基準監督署内	0254-27-6680
		新津	956-0864	新潟市秋葉区新津本町 4-18-8　新津労働総合庁舎　新津労働基準監督署内	0250-22-4161
		小出	946-0004	魚沼市大塚新田 87-3　小出労働基準監督署内	025-792-0241

		十日町	948-0073	十日町市宇都宮9　十日町労働基準監督署内	025-752-2079
		佐渡	952-0016	佐渡市原黒333-38　佐渡労働基準監督署内	0259-23-4500
16	富山	富山労働局	930-8509	富山市神通本町1-5-5　富山労働総合庁舎5階	076-432-2740
		富山	930-0008	富山市神通本町1-5-5　富山労働総合庁舎2階　富山労働基準監督署内	076-432-9141
		高岡	933-0046	高岡市中川本町10-21　高岡労働基準監督署内	0766-23-6446
		魚津	937-0801	魚津市新金屋1-12-31　魚津合同庁舎4階　魚津労働基準監督署内	0765-22-0579
		砺波	939-1367	砺波市広上町5-3　砺波労働基準監督署内	0763-32-3323
17	石川	石川労働局	920-0024	金沢市西念3-4-1　金沢駅西合同庁舎6階	076-265-4432
		金沢	921-8013	金沢市新神田4-3-10　金沢新神田合同庁舎3階　金沢労働基準監督署内	076-292-7947
		小松	923-0868	小松市日の出町1-120　小松日の出合同庁舎7階　小松労働基準監督署内	0761-22-4207
		七尾	926-0852	七尾市小島町西部2番　七尾地方合同庁舎2階　七尾労働基準監督署内	0767-52-7640
		穴水	927-0027	鳳珠郡穴水町字川島キ84　穴水地方合同庁舎2階　穴水労働基準監督署内	0768-52-1184
18	福井	福井労働局	910-8559	福井市春山1-1-54　福井春山合同庁舎14階	0776-22-3363
		福井	910-0842	福井市開発1-121-5　福井労働基準監督署内	0776-54-6167
		武生	915-0814	越前市中央1-6-4　武生労働基準監督署内	0778-23-1440
		敦賀	914-0055	敦賀市鉄輪町1-7-3　敦賀駅前合同庁舎2階　敦賀労働基準監督署内	0770-22-0745
		大野	912-0052	大野市弥生町1-31　大野労働基準監督署内	0779-66-3838
19	山梨	山梨労働局	400-8577	甲府市丸の内1-1-11	055-225-2851
		甲府	400-8579	甲府市下飯田2-5-51　甲府労働基準監督署内	055-224-5620
		都留	402-0005	都留市四日市場23-2　都留労働基準監督署内	0554-43-2195
		鰍沢	400-0601	南巨摩郡富士川町鰍沢655-50　鰍沢労働基準監督署内	0556-22-3181
20	長野	長野労働局	380-8572	長野市中御所1-22-1　長野労働総合庁舎2階	026-223-0560
		長野	380-8573	長野市中御所1-22-1　長野労働総合庁舎1階　長野労働基準監督署内	026-223-6310
		松本	390-0852	松本市大字島立1696　松本労働基準監督署内	0263-48-5693
		岡谷	394-0004	岡谷市神明町3-14-8　岡谷労働基準監督署内	0266-22-3454
		上田	386-0025	上田市天神2-4-70　上田労働総合庁舎3階　上田労働基準監督署内	0268-22-0338
		飯田	395-0051	飯田市高羽町6-1-5　飯田高羽合同庁舎3階　飯田労働基準監督署内	0265-22-2635
		中野	383-0022	中野市中央1-2-21　中野労働基準監督署内	0269-22-2105
		小諸	384-0017	小諸市三和1-6-22　小諸労働基準監督署内	0267-22-1760
		伊那	396-0015	伊那市中央5033-2　伊那労働基準監督署内	0265-72-6181
		大町	398-0002	大町市大町4166-1　大町労働基準監督署内	0261-22-2001

21	岐阜	岐阜労働局	500-8723	岐阜市金竜町 5-13　岐阜合同庁舎 4 階	058-245-8124
		岐阜	500-8157	岐阜市五坪 1-9-1　岐阜労働総合庁舎 岐阜労働基準監督署内	058-247-2368
		大垣	503-0893	大垣市藤江町 1-1-1　大垣労働基準監督署内	0584-78-5184
		高山	506-0009	高山市花岡町 3-6-6　高山労働基準監督署内	0577-32-1180
		多治見	507-0037	多治見市音羽町 5-39-1　多治見労働総合庁舎 多治見労働基準監督署内	0572-22-6381
		関	501-3803	関市西本郷通 3-1-15　関労働基準監督署内	0575-22-3251
		恵那	509-7203	恵那市長島町正家 1-3-12　恵那合同庁舎 恵那労働基準監督署内	0573-26-2175
		岐阜八幡	501-4235	郡上市八幡町有坂 1209-2　郡上八幡地方合同庁舎　岐阜八幡労働基準監督署内	0575-65-2101
22	静岡	静岡労働局	420-8639	静岡市葵区追手町 9-50　静岡地方合同庁舎 5 階	054-252-1212
		浜松	430-8639	浜松市中区中央 1-12-4　浜松合同庁舎 8 階 浜松労働基準監督署内	053-456-8148
		磐田	438-8585	磐田市見付 3599-6　磐田地方合同庁舎 4 階 磐田労働基準監督署内	0538-32-2205
		島田	427-8508	島田市本通 1-4677-4　島田労働総合庁舎 3 階 島田労働基準監督署内	0547-37-3148
		静岡	420-0837	静岡市葵区日出町 10-7　田中産商ビル 5 階 静岡労働基準監督署内	054-252-8106
		富士	417-0041	富士市御幸町 13-28　富士労働基準監督署内	0545-51-2255
		沼津	410-0831	沼津市市場町 9-1　沼津合同庁舎 4 階 沼津労働基準監督署内	055-933-5830
		三島	411-0033	三島市文教町 1-3-112　三島労働総合庁舎 3 階 三島労働基準監督署内	055-986-9100
23	愛知	愛知労働局	460-8507	名古屋市中区三の丸 2-5-1　名古屋合同庁舎第 2 号館	0120-948-537 052-972-0266
		栄	460-0008	名古屋市中区栄 4-1-1　中日ビル 10 階	052-263-3801
		名古屋北	461-8575	名古屋市東区白壁 1-15-1　名古屋合同庁舎第 3 号館　名古屋北労働基準監督署内	052-961-8653
		名古屋東	468-8551	名古屋市天白区中平 5-2101 名古屋東労働基準監督署内	052-800-0792
		名古屋南	455-8525	名古屋市港区港明 1-10-4 名古屋南労働基準監督署内	052-651-9207
		豊橋	440-8506	豊橋市大国町 111　豊橋地方合同庁舎 6 階 豊橋労働基準監督署内	0532-54-1192
		名古屋西	453-0813	名古屋市中村区二ツ橋町 3-37 名古屋西労働基準監督署内	052-481-9533
		岡崎	444-0813	岡崎市羽根町字北乾地 50-1 岡崎合同庁舎　岡崎労働基準監督署内	0564-52-3161
		一宮	491-0903	一宮市八幡 4-8-7　一宮労働総合庁舎 一宮労働基準監督署内	0586-45-0206

		半田	475-8560	半田市宮路町 200-4　半田地方合同庁舎 半田労働基準監督署内	0569-21-1030
		刈谷	448-0858	刈谷市若松町 1-46-1　刈谷合同庁舎 刈谷労働基準監督署内	0566-21-4885
		豊田	471-0867	豊田市常盤町 3-25-2　豊田労働基準監督署内	0565-35-2323
		瀬戸	489-0881	瀬戸市熊野町 100　瀬戸労働基準監督署内	0561-82-2103
		津島	496-0042	津島市寺前町 3-87-4　津島労働基準監督署内	0567-26-4155
		江南	483-8162	江南市尾崎町河原 101　江南労働基準監督署内	0587-54-2443
		西尾	445-0072	西尾市徳次町下十五夜 13　岡崎労働基準監督署 西尾支署内	0563-57-7161
24	三重	三重労働局	514-8524	津市島崎町 327-2　津第二地方合同庁舎 2 階	059-226-2110
		四日市	510-0064	四日市市新正 2-5-23　四日市労働基準監督署内	059-351-1661
		松阪	515-0011	松阪市高町 493-6　松阪地方合同庁舎 3 階 松阪労働基準監督署内	0598-51-0015
		津	514-0002	津市島崎町 327-2　津第 2 地方合同庁舎 1 階 津労働基準監督署内	059-227-1282
		伊勢	516-0008	伊勢市船江 1-12-16　伊勢労働基準監督署内	0596-28-2164
		伊賀	518-0836	伊賀市緑ヶ丘本町 1507-3　伊賀上野地方合同庁舎 1 階　伊賀労働基準監督署内	0595-21-0802
		熊野	519-4324	熊野市井戸町 672-3　熊野労働基準監督署内	0597-85-2277
25	滋賀	滋賀労働局	520-0051	大津市梅林 1-3-10　滋賀ビル 5 階	077-522-6648
		大津	520-0802	大津市馬場 3-14-17　大津労働基準監督署内	077-522-6641
		彦根	522-0054	彦根市西今町 58-3　彦根地方合同庁舎 3 階 彦根労働基準監督署内	0749-22-0654
		東近江	527-8554	東近江市八日市緑町 8-14 東近江労働基準監督署内	0748-22-0394
26	京都	京都労働局	604-0846	京都市中京区両替町通御池上ル金吹町 451	075-241-3221
		京都駅前	600-8216	京都市下京区西洞院通塩小路上ル東塩小路町 608-9　日本生命京都三哲ビル 8 階	0120-829-100 075-342-3553
		京都上	604-8467	京都市中京区西ノ京大炊御門町 19-19 京都上労働基準監督署内	075-462-5112
		京都下	600-8007	京都市下京区四条通東洞院東入ル立売西町 60 日本生命四条ビル 5 階　京都下労働基準監督署内	075-254-3196
		京都南	612-8106	京都市伏見区奉行前町 6 京都南労働基準監督署内	075-601-8322
		福知山	620-0035	福知山市字内記 1-10-29　福知山地方合同庁舎 4 階　福知山労働基準監督署内	0773-22-2181
		舞鶴	624-0913	舞鶴市字下福井 901　舞鶴港湾合同庁舎 6 階 舞鶴労働基準監督署内	0773-75-0680

		丹後	627-0012	京丹後市峰山町杉谷 147-14 丹後労働基準監督署内	0772-62-1214
		園部	622-0003	南丹市園部町新町 118-13 園部労働基準監督署内	0771-62-0567
27	大阪	大阪労働局	540-8527	大阪市中央区大手前 4-1-67　大阪合同庁舎第 2 号館 8 階	0120-939-009 06-7660-0072
		大阪中央	540-0003	大阪市中央区森ノ宮中央 1-15-10 大阪中央労働基準監督署内	06-6941-0451
		大阪南	557-8502	大阪市西成区玉出中 2-13-27 大阪南労働基準監督署内	06-6653-5050
		天満	530-0035	大阪市北区天満橋 1-8-30　OAP タワー 7 階 天満労働基準監督署内	06-6358-0261
		大阪西	550-0014	大阪市西区北堀江 1-2-19　アステリオ北堀江 9 階　大阪西労働基準監督署内	06-6531-0801
		西野田	554-0012	大阪市此花区西九条 5-3-63 西野田労働基準監督署内	06-6462-8101
		淀川	532-8507	大阪市淀川区西三国 4-1-12 淀川労働基準監督署内	06-6350-3991
		東大阪	578-0944	東大阪市若江西新町 1-6-5 東大阪労働基準監督署内	06-6723-3006
		岸和田	596-0073	岸和田市岸城町 23-16　岸和田労働基準監督署内	072-431-3939
		堺	590-0078	堺市堺区南瓦町 2-29　堺地方合同庁舎 3 階 堺労働基準監督署内	072-238-6361
		羽曳野	583-0857	羽曳野市誉田 3-15-17　羽曳野労働基準監督署内	072-956-7161
		北大阪	573-8512	枚方市東田宮 1-6-8　北大阪労働基準監督署内	072-845-1141
		泉大津	595-0025	泉大津市旭町 22-45　テクスピア大阪 6 階 泉大津労働基準監督署内	0725-32-3888
		茨木	567-8530	茨木市上中条 2-5-7　茨木労働基準労監督署内	072-622-6871
28	兵庫	兵庫労働局	650-0044	神戸市中央区東川崎町 1-1-3 神戸クリスタルタワー 15 階	078-367-0850 0120-568658
		神戸東	650-0024	神戸市中央区海岸通 29　神戸地方合同庁舎 3 階 神戸東労働基準監督署内	078-332-5353
		神戸西	652-0802	神戸市兵庫区水木通 10-1-5 神戸西労働基準監督署内	078-576-1831
		尼崎	660-0892	尼崎市東難波町 4-18-36　尼崎地方合同庁舎 1 階　尼崎労働基準監督署内	06-6481-1541
		姫路	670-0947	姫路市北条 1-83　姫路労働基準監督署内	079-224-1481
		伊丹	664-0881	伊丹市昆陽 1-1-6　伊丹労働総合庁舎 3 階 伊丹労働基準監督署内	072-772-6224
		西宮	662-0942	西宮市浜町 7-35　西宮地方合同庁舎 3 階 西宮労働基準監督署内	0798-26-3733
		加古川	675-0017	加古川市野口町良野 1737 加古川労働基準監督署内	079-422-5001

			〒	所在地	電話番号
		西脇	677-0015	西脇市西脇 885-30　西脇地方合同庁舎 西脇労働基準監督署内	0795-22-3366
		但馬	668-0031	豊岡市大手町 9-15　但馬労働基準監督署内	0796-22-5145
		相生	678-0031	相生市旭 1-3-18　相生地方合同庁舎 相生労働基準監督署内	0791-22-1020
		淡路	656-0014	洲本市桑間 280-2　淡路労働基準監督署内	0799-22-2591
29	奈良	奈良労働局	630-8570	奈良市法蓮町 387　奈良第 3 地方合同庁舎 2 階	0742-32-0202
		奈良	630-8301	奈良市高畑町 552　奈良労働基準監督署内	0742-23-0435
		葛城	635-0095	大和高田市大中 393　葛城労働基準監督署内	0745-52-5891
		桜井	633-0062	桜井市粟殿 1012　桜井労働基準監督署内	0744-42-6901
		大淀	638-0821	吉野郡大淀町下渕 364-1　大淀労働基準監督署内	0747-52-0261
30	和歌山	和歌山労働局	640-8581	和歌山市黒田 2-3-3	073-488-1020
		和歌山	640-8582	和歌山市黒田 2-3-3　和歌山労働基準監督署内	073-488-1200
		御坊	644-0011	御坊市湯川町財部 1132　御坊労働基準監督署内	0738-22-3571
		橋本	648-0072	橋本市東家 6-9-2　橋本労働基準監督署内	0736-32-1190
		田辺	646-8511	田辺市明洋 2-24-1　田辺労働基準監督署内	0739-22-4694
		新宮	647-0033	新宮市清水元 1-2-9　新宮労働基準監督署内	0735-22-5295
31	鳥取	鳥取労働局	680-8522	鳥取市富安 2-89-9	0857-22-7000
		鳥取	680-0845	鳥取市富安 2-89-4　鳥取労働基準監督署内	0857-24-3245
		米子	683-0067	米子市東町 124-16　米子地方合同庁舎 5 階 米子労働基準監督署内	0859-34-2263
		倉吉	682-0816	倉吉市駄経寺町 2-15　倉吉地方合同庁舎 3 階 倉吉労働基準監督署内	0858-22-5640
32	島根	島根労働局	690-0841	松江市向島町 134-10　松江地方合同庁舎 5 階	0852-20-7009
		松江	690-0841	松江市向島町 134-10　松江地方合同庁舎 2 階 松江労働基準監督署内	0852-31-1166
		出雲	693-0028	出雲市塩冶善行町 13-3　出雲地方合同庁舎 4 階 出雲労働基準監督署内	0853-21-1240
		浜田	697-0026	浜田市田町 116-9　浜田労働基準監督署内	0855-22-1840
		益田	698-0027	益田市あけぼの東町 4-6　益田地方合同庁舎 3 階 益田労働基準監督署内	0856-22-2351
33	岡山	岡山労働局	700-8611	岡山市北区下石井 1-4-1　岡山第 2 合同庁舎 3 階	086-225-2017
		岡山	700-0913	岡山市北区大供 2-11-20　岡山労働基準監督署内	086-225-0591
		倉敷	710-0047	倉敷市大島 407-1　倉敷労働基準監督署内	086-422-8177
		津山	708-0022	津山市山下 9-6　津山労働総合庁舎 津山労働基準監督署内	0868-22-7157
		笠岡	714-0081	笠岡市笠岡 5891　笠岡労働基準監督署内	0865-62-4196
		和気	709-0442	和気郡和気町福富 313　和気労働基準監督署内	0869-93-1358
		新見	718-0011	新見市新見 811-1　新見労働基準監督署内	0867-72-1136

34	広島	広島労働局	730-8538	広島市中区上八丁堀 6-30 広島合同庁舎 2 号館 5 階	082-221-9296
		広島中央	730-8528	広島市中区上八丁堀 6-30　広島合同庁舎 2 号館 1 階　広島中央労働基準監督署内	082-221-2410
		呉	737-0028	呉市中央 3-9-15　呉地方合同庁舎 5 階 呉労働基準監督署内	0823-22-0005
		福山	720-8503	福山市旭町 1-7　福山労働基準監督署内	084-923-0005
		三原	723-0016	三原市宮沖 2-13-20　三原労働基準監督署内	0848-63-3939
		尾道	722-0002	尾道市古浜町 27-13　尾道労働基準監督署内	0848-22-4158
		三次	728-0013	三次市十日市東 1-9-9　三次労働基準監督署内	0824-62-2104
		広島北	731-0223	広島市安佐北区可部南 3-3-28 広島北労働基準監督署内	082-812-2115
		廿日市	738-0005	廿日市市新宮 1-15-40　廿日市労働基準監督署内	0829-32-1155
35	山口	山口労働局	753-8510	山口市中河原町 6-16　山口地方合同庁舎 2 号館	083-995-0398
		下関	750-8522	下関市東大和町 2-5-15　下関労働基準監督署内	083-266-5476
		宇部	755-0044	宇部市新町 10-33　宇部地方合同庁舎 宇部労働基準監督署内	0836-31-4500
		徳山	745-0844	周南市速玉町 3-41　徳山労働基準監督署内	0834-21-1788
		下松	744-0022	下松市末武下中筋潮入 617-3 下松労働基準監督署内	0833-41-1780
		岩国	740-0027	岩国市中津町 2 15 10　岩国労働基準監督署内	0827-24-1133
		山口	753-0088	山口市中河原町 6-16　山口地方合同庁舎 1 号館 山口労働基準監督署内	083-922-1238
		萩	758-0074	萩市平安古町 599-3　萩地方合同庁舎 萩労働基準監督署内	0838-22-0750
36	徳島	徳島労働局	770-0851	徳島市徳島町城内 6-6　徳島地方合同庁舎 4 階	088-652-9142
		徳島	770-8533	徳島市万代町 3-5　徳島第 2 地方合同庁舎 1 階 徳島労働基準監督署内	088-622-8138
		鳴門	772-0003	鳴門市撫養町南浜字馬目木 119-6 鳴門労働基準監督署内	088-686-5164
		三好	778-0002	三好市池田町字マチ 2429-12 三好労働基準監督署内	0883-72-1105
		阿南	774-0030	阿南市領家町本荘ヶ内 120-6　阿南総合労働庁舎 3 階　阿南労働基準監督署内	0884-22-0890
37	香川	香川労働局	760-0019	高松市サンポート 3-33 高松サンポート合同庁舎 2 階	087-811-8924
		高松	760-0019	高松市サンポート 3-33　高松サンポート合同庁舎 2 階　高松労働基準監督署内	087-811-8946
		丸亀	763-0034	丸亀市大手町 3-1-2　丸亀労働基準監督署内	0877-22-6244
		坂出	762-0003	坂出市久米町 1-15-55　坂出労働基準監督署内	0877-46-3196
		観音寺	768-0060	観音寺市観音寺町甲 3167-1 観音寺労働基準監督署内	0875-25-2138

		東かがわ	769-2601	東かがわ市三本松 591-1 東かがわ労働基準監督署内	0879-25-3137
38	愛媛	愛媛労働局	790-8538	松山市若草町 4-3　松山若草合同庁舎 6 階	089-935-5208
		松山	791-8523	松山市六軒家町 3-27　松山労働総合庁舎 4 階 松山労働基準監督署内	089-927-5150
		新居浜	792-0025	新居浜市一宮町 1-5-3　新居浜労働基準監督署内	0897-37-0151
		今治	794-0042	今治市旭町 1-3-1　今治労働基準監督署内	0898-32-4560
		八幡浜	796-0031	八幡浜市江戸岡 1-1-10 八幡浜労働基準監督署内	0894-22-1750
		宇和島	798-0036	宇和島市天神町 4-40　宇和島地方合同庁舎 3 階 宇和島労働基準監督署内	0895-22-4655
39	高知	高知労働局	780-8548	高知市南金田 1-39　労働総合庁舎 4 階	0120-783722 088-885-6027
		高知	780-8526	高知市南金田 1-39　労働総合庁舎 1 階 高知労働基準監督署内	088-885-6010
		須崎	785-8511	須崎市緑町 7-11　須崎労働基準監督署内	0889-42-1866
		四万十	787-0012	四万十市右山五月町 3-12　中村地方合同庁舎 3 階　四万十労働基準監督署内	0880-35-3148
		安芸	784-0001	安芸市矢の丸 2-1-6　安芸地方合同庁舎 安芸労働基準監督署内	0887-35-2128
40	福岡	福岡労働局	812-0013	福岡市博多区博多駅東 2-11-1 福岡合同庁舎新館 4 階	092-411-4764
		福岡中央	810-0072	福岡市中央区長浜 2-1-1 福岡中央労働基準監督署内	092-761-5607
		大牟田	836-0034	大牟田市小浜町 24-13 大牟田労働基準監督署内	0944-53-3987
		久留米	830-0037	久留米市諏訪野町 2401 久留米労働基準監督署内	0942-33-7251
		飯塚	820-0018	飯塚市芳雄町 13-6　飯塚合同庁舎 4 階 飯塚労働基準監督署内	0948-22-3200
		北九州西	806-0034	北九州市八幡西区岸の浦 1-5-10　八幡労働総合 庁舎 3 階　北九州西労働基準監督署内	093-622-6550
		北九州東	803-0814	北九州市小倉北区大手町 13-26　小倉第二合同庁 舎 5 階　北九州東労働基準監督署内	093-561-0881
		門司	800-0004	北九州市門司区北川町 1-18 北九州東労働基準監督署門司支署内	093-381-5361
		田川	825-0013	田川市中央町 4-12　田川労働基準監督署内	0947-42-0380
		直方	822-0017	直方市殿町 9-17　直方労働基準監督署内	0949-22-0544
		行橋	824-0005	行橋市中央 1-12-35　行橋労働基準監督署内	0930-23-0454
		八女	834-0047	八女市稲富 132　八女労働基準監督署内	0943-23-2121
		福岡東	813-0016	福岡市東区香椎浜 1-3-26 福岡東労働基準監督署内	092-661-3770

41	佐賀	佐賀労働局	840-0801	佐賀市駅前中央 3-3-20　佐賀第 2 合同庁舎	0952-32-7167
		佐賀	840-0801	佐賀市駅前中央 3-3-20　佐賀第 2 合同庁舎 佐賀労働基準監督署内	0952-32-7133
		唐津	847-0041	唐津市千代田町 2109-122 唐津労働基準監督署内	0955-73-2179
		武雄	843-0023	武雄市武雄町昭和 758　武雄労働基準監督署内	0954-22-2165
		伊万里	848-0027	伊万里市立花町大尾 1891-64 伊万里労働基準監督署内	0955-23-4155
42	長崎	長崎労働局	850-0033	長崎市万才町 7-1　住友生命長崎ビル 3 階	095-801-0023
		長崎	852-8542	長崎市岩川町 16-16　長崎労働基準監督署内	095-846-6390
		佐世保	857-0041	佐世保市木場田町 2-19 佐世保労働基準監督署内	0956-24-4161
		江迎	859-6101	佐世保市江迎町長坂 123-19 江迎労働基準監督署内	0956-65-2141
		島原	855-0033	島原市新馬場町 905-1　島原労働基準監督署内	0957-62-5145
		諫早	854-0081	諫早市栄田町 47-37　諫早労働基準監督署内	0957-26-3310
		対馬・壱岐	811-5133	壱岐市郷ノ浦町本村 620-4　壱岐地方合同庁舎 1 階　対馬労働基準監督署壱岐駐在事務所内	0920-47-0501
43	熊本	熊本労働局	860-8514	熊本市春日 2-10-1　熊本地方合同庁舎 A 棟 9 階	096-211-1706
		熊本	862-8688	熊本市大江 3-1-53　熊本第 2 合同庁舎 熊本労働基準監督署内	096-362-7100
		八代	866-0852	八代市大手町 2-3-11　八代労働基準監督署内	0965-32-3151
		玉名	865-0016	玉名市岩崎 273　玉名合同庁舎 玉名労働基準監督署内	0968-73-4411
		人吉	868-0014	人吉市下薩摩瀬町 1602-1 人吉労働基準監督署内	0966-22-5151
		天草	863-0050	天草市丸尾町 16-48　天草労働基準監督署内	0969-23-2266
		菊池	861-1306	菊池市大琳寺 236-4　菊池労働基準監督署内	0968-25-3136
44	大分	大分労働局	870-0037	大分市東春日町 17-20　大分第 2 ソフィアプラ ザビル 3 階	097-536-0110
		大分	870-0016	大分市新川町 2-1-36　大分合同庁舎 2 階 大分労働基準監督署内	097-535-1512
		中津	871-0031	中津市大字中殿 550-20　中津合同庁舎 2 階 中津労働基準監督署内	0979-22-2720
		佐伯	876-0811	佐伯市鶴谷町 1-3-28　佐伯労働総合庁舎 3 階 佐伯労働基準監督署内	0972-22-3421
		日田	877-0012	日田市淡窓 1-1-61　日田労働基準監督署内	0973-22-6191
		豊後大野	879-7131	豊後大野市三重町市場 1225-9　三重合同庁舎 4 階　豊後大野労働基準監督署内	0974-22-0153

45	宮崎	宮崎労働局	880-0805	宮崎市橘通東 3-1-22　宮崎合同庁舎	0985-38-8821
		宮崎	880-0813	宮崎市丸島町 1-15　宮崎労働基準監督署内	0985-29-6000
		延岡	882-0803	延岡市大貫町 1-2885-1　延岡労働基準監督署内	0982-34-3331
		都城	885-0072	都城市上町 2 街区 11　都城合同庁舎 6 階 都城労働基準監督署内	0986-23-0192
		日南	887-0031	日南市戸高 1-3-17　日南労働基準監督署内	0987-23-5277
46	鹿児島	鹿児島労働局	892-8535	鹿児島市山下町 13-21　鹿児島合同庁舎 2 階	099-223-8239
		鹿児島	890-8545	鹿児島市薬師 1-6-3　鹿児島労働基準監督署内	099-214-9175
		鹿屋	893-0064	鹿屋市西原 4-5-1　鹿屋労働基準監督署内	0994-43-3385
		川内	895-0063	薩摩川内市若葉町 4-24　川内労働基準監督署内	0996-22-3225
		加治木	899-5211	姶良市加治木町新富町 98-6 加治木労働基準監督署内	0995-63-2035
		名瀬	894-0036	奄美市名瀬長浜町 1-1　名瀬労働基準監督署内	0997-52-0574
47	沖縄	沖縄労働局	900-0006	那覇市おもろまち 2-1-1 那覇第 2 地方合同庁舎 3 階	098-868-6060
		那覇	900-0006	那覇市おもろまち 2-1-1　那覇第 2 地方合同庁舎 2 階　那覇労働基準監督署内	098-868-8008
		沖縄	904-0003	沖縄市住吉 1-23-1　沖縄労働総合庁舎 3 階 沖縄労働基準監督署内	098-982-1400
		名護	905-0011	名護市字宮里 452-3　名護地方合同庁舎 1 階 名護労働基準監督署内	0980-52-2691
		宮古	906-0013	宮古島市字平良下里 1016　平良地方合同庁舎 1 階　宮古労働基準監督署内	0980-72-2303
		八重山	907-0004	石垣市字登野城 55-4　石垣地方合同庁舎 2 階 八重山労働基準監督署内	0980-82-2344

雇用環境・均等部（室）所在地一覧（総合労働相談窓口）

平成28年6月15日現在

	郵便番号	所在地	電話番号
北海道	060-8566	札幌市北区北8条西2丁目1番1号　札幌第1合同庁舎9階	011-707-2800
青森	030-8558	青森市新町2丁目4番25号　青森合同庁舎2階	017-734-4211
岩手	020-8522	盛岡市盛岡駅西通1丁目9番15号　盛岡第2合同庁舎5階	019-604-3002
宮城	983-8585	仙台市宮城野区鉄砲町1番地　仙台第4合同庁舎8階	022-299-8844
秋田	010-0951	秋田市山王7丁目1番4号　秋田第2合同庁舎2階	018-862-6684
山形	990-8567	山形市香澄町3丁目2番1号　山交ビル3階	023-624-8226
福島	960-8021	福島市霞町1番46号　福島合同庁舎4階	024-536-4600
茨城	310-8511	水戸市宮町1丁目8-31　茨城労働総合庁舎6階	029-277-8295
栃木	320-0845	宇都宮市明保野町1番4号　宇都宮第2地方合同庁舎3階	028-634-9112
群馬	371-8567	前橋市大手町2-3-1　前橋地方合同庁舎8階	027-896-4681 027-896-4677
埼玉	330-6016	さいたま市中央区新都心11-2　ランド・アクシス・タワー16階	048-600-6262 048-600-6269
千葉	260-8612	千葉市中央区中央4丁目11番1号　千葉第2地方合同庁舎1階	043-221-2303 043-221-2307
東京	102-8305	千代田区九段南1-2-1　九段第3合同庁舎14階	03-3512-1608
神奈川	231-8434	横浜市中区北仲通5丁目57番地　横浜第2合同庁舎13階	045-211-7358
新潟	951-8625	新潟市中央区美咲町1-2-1　新潟美咲合同庁舎2号館4階	025-288-3501
富山	930-8509	富山市神通本町1-5-5　富山労働総合庁舎5階	076-432-2740
石川	920-0024	金沢市西念3丁目4番1号　金沢駅西合同庁舎　6階	076-265-4432
福井	910-8559	福井市春山1丁目1番54号　福井春山合同庁舎　9階	0776-22-3947
山梨	400-8577	甲府市丸の内1丁目1番11号　4階	055-225-2851
長野	380-8572	長野市中御所1丁目22番1号　長野労働総合庁舎2階	026-223-0551
岐阜	500-8723	岐阜市金竜町5丁目13番地　岐阜地方合同庁舎4階	058-245-8124
静岡	420-8639	静岡市葵区追手町9番50号　静岡地方合同庁舎5階	054-252-1212
愛知	460-8507	名古屋市中区三の丸2-5-1　名古屋合同庁舎第2号館3階	052-972-0266
三重	514-8524	津市島崎町327番2号　津第2地方合同庁舎2階	059-226-2110

	郵便番号	所在地	電話番号
滋賀	520-0051	大津市梅林1丁目3番10号　滋賀ビル5階	077-523-6648
京都	604-0846	京都市中京区両替町通御池上ル金吹町451　1階	075-241-3221
大阪	540-8527	大阪市中央区大手前4丁目1番67号　大阪合同庁舎第2号館8階	06-7660-0072 0120-939-009
兵庫	650-0044	神戸市中央区東川崎町1丁目1番3号　神戸クリスタルタワー15階	078-367-0850 0120-568-658 078-367-0820
奈良	630-8570	奈良市法蓮町387番地　奈良第3地方合同庁舎2階	0742-32-0202
和歌山	640-8581	和歌山市黒田2丁目3番3号　和歌山労働総合庁舎4階	073-488-1020
鳥取	680-8522	鳥取市富安2丁目89番9号	0857-22-7000
島根	690-0841	松江市向島町134番10号　松江地方合同庁舎5階	0852-20-7009
岡山	700-8611	岡山市北区下石井1丁目4番1号　岡山第2合同庁舎3階	086-225-2017
広島	730-8538	広島市中区上八丁堀6番30号　広島合同庁舎第2号館5階	082-221-9296
山口	753-8510	山口市中河原町6番16号　山口地方合同庁舎2号館5階	083-995-0398
徳島	770-0851	徳島市徳島町城内6番地6　徳島地方合同庁舎4階	088-652-9142
香川	760-0019	高松市サンポート3番33号　高松サンポート合同庁舎2階	087-811-8924
愛媛	790-8538	松山市若草町4番3号　松山若草合同庁舎6階	089-935-5224 089-935-5208
高知	780-8548	高知市南金田1番39号4階	088-885-6041 088-885-6027
福岡	812-0013	福岡市博多区博多駅東2丁目11番1号　福岡合同庁舎新館4階	092-411-4764
佐賀	840-0801	佐賀市駅前中央3丁目3番20号　佐賀第2合同庁舎3階	0952-32-7167
長崎	850-0033	長崎市万才町7番1号　住友生命長崎ビル3階	095-801-0023
熊本	860-8514	熊本市春日2-10-1　熊本地方合同庁舎A棟9階	096-352-3865
大分	870-0037	大分市東春日町17番20号　大分第2ソフィアプラザビル3階	097-536-0110
宮崎	880-0805	宮崎市橘通東3丁目1番22号　宮崎合同庁舎4階	0985-38-8821
鹿児島	892-0847	鹿児島市山下町13-21　鹿児島合同庁舎2階	099-222-8239
沖縄	900-0006	那覇市おもろまち2丁目1番1号　那覇第2地方合同庁舎1号館3階	098-868-6060

都道府県労働局による 助言・指導　あっせん好事例集
職場のトラブルはどう解決されたのか
労働新聞社　編

定価（本体1,800円＋税）

平成24年 3月30日　　　初版
平成28年 7月 4日　　　初版第2刷

発行　労働新聞社
東京都板橋区仲町29-9
電話　03 (3956) 3151 (代)
FAX 　03 (3956) 1611
https://www.rodo.co.jp
Mail:pub@rodo.co.jp

ISBN978-4-89761-376-5
☆禁無断転載
落丁・乱丁はお取替えいたします。

私たちは、働くルールに関する情報を発信し、経済社会の発展と豊かな職業生活の実現に貢献します。

労働新聞社の定期刊行物の御案内

人事・労務・経営、安全衛生の情報発信で時代をリードする

「産業界で何が起こっているか？」労働に関する知識取得にベストの参考資料が収載されています。

週刊 労働新聞

※タブロイド判・16ページ
※月4回発行
※年間購読料 42,000円+税

- 安全衛生関係も含む労働行政・労使の最新の動向を迅速に報道
- 労働諸法規の実務解説を掲載
- 個別企業の労務諸制度や改善事例を紹介
- 職場に役立つ最新労働判例を掲載
- 読者から直接寄せられる法律相談のページを設定

安全・衛生・教育・保険の総合実務誌

安全スタッフ

※B5判・58ページ
※月2回（毎月1日・15日発行）
※年間購読料 42,000円+税

- 法律・規則の改正、行政の指導方針、研究活動、業界団体の動きなどをニュースとしていち早く報道
- 毎号の特集では、他誌では得られない企業の活動事例を編集部取材で掲載するほか、災害防止のノウハウ、法律解説、各種指針・研究報告など実務に欠かせない情報を提供
- 「実務相談室」では読者から寄せられた質問（安全・衛生、人事・労務全般、社会・労働保険、交通事故等に関するお問い合わせ）に担当者が直接お答え
- デジタル版で、過去の記事を項目別に検索可能・データベースとしての機能を搭載

労働新聞データベース　　統計資料から審議会情報（諮問・答申）や法令・通達の「速報資料誌」

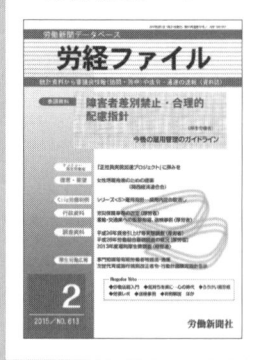

労経ファイル

※B5判・92ページ
※月1回（毎月1日発行）
※年間購読料 42,000円+税

- 労働経済・労働条件、労使関係についての各種調査資料をなまの形で提供
- 政府機関と審議会（諮問答申）情報はじめ行政通達など労働法令関係も
- 経営団体・労働組合の研究報告や提言も随時掲載

《収録資料例》
- 厚労省・毎月勤労統計調査（年間）
- 厚労省・就労条件総合調査
- 総務省・消費者物価指数（年間）
- 人事院・民間給与の実態
- 生産性本部・仕事別賃金
- 厚労省・賃金構造基本・統計調査
- 総務省・労働力調査（年間）
- 中労委・賃金事情等総合調査
- 日経連・定期賃金調査
- 東京都・中小企業の賃金事情 等々

上記の定期刊行物のほか、「出版物」も多数
労働新聞社　ホームページ　https://www.rodo.co.jp/

労働新聞社

〒173-0022 東京都板橋区仲町29-9 TEL 03-3956-3151 FAX 03-3956-1611